华夏智库·新管理丛书

品牌没落 用户崛起

——新互联网+时代下的传统品牌之殇

徐鸿翔◎著

经济管理出版社
ECONOMY & MANAGEMENT PUBLISHING HOUSE

图书在版编目（CIP）数据

品牌没落，用户崛起：新互联网＋时代下的传统品牌之殇/徐鸿翔著．—北京：经济管理出版社，2016.8

ISBN 978－7－5096－4510－9

Ⅰ.①品… Ⅱ.①徐… Ⅲ.①品牌—企业管理—研究 Ⅳ.①F273.2

中国版本图书馆 CIP 数据核字（2016）第 157625 号

组稿编辑：张　艳
责任编辑：张　艳　张莉琼
责任印制：黄章平
责任校对：超　凡

出版发行：经济管理出版社
　　　　　（北京市海淀区北蜂窝 8 号中雅大厦 A 座 11 层　　100038）
网　　　址：www. E－mp. com. cn
电　　　话：（010）51915602
印　　　刷：北京晨旭印刷厂
经　　　销：新华书店
开　　　本：720mm×1000mm/16
印　　　张：14.25
字　　　数：181 千字
版　　　次：2016 年 9 月第 1 版　2016 年 9 月第 1 次印刷
书　　　号：ISBN 978－7－5096－4510－9
定　　　价：38.00 元

前　言

用户在"革"谁的"命"？

曾几何时，有一批国产品牌在儿时给了我们永恒的回忆，然而这些带着强烈民族色彩的品牌在市场经济正当时的今天，却已了无踪迹。诸如旭日升冰茶、华丰方便面、天府可乐、汾煌可乐、傻子瓜子、春都火腿肠、乐百氏……总之，从健力宝的陨落到英雄牌的贱卖，国产品牌可谓凋零各异。

改革开放的30多年中，中国企业开始了解了品牌的运作模式，但是遗憾的是，有很多品牌在市场的变迁中没能赶上时代的发展。据悉，中国还有1600多家具有悠久传统历史的"中华老字号"，70%已衰落，20%经营惨淡。

不光国产品牌如此，许多国际品牌也从昔日的辉煌走向如今的没落。诺基亚、摩托罗拉、黑莓、柯达、百思买……这些如雷贯耳的昔日行业巨头如今已在激烈的市场竞争中逐渐陨落，他们或被收购或申请破产，抑或是其他。

没错，从国内到国际，诸多曾经的大品牌都在走向没落，而另一个概念——用户正在崛起。

很多人将"用户"和"客户"混淆在一起，以为两者并没有什么不同。其实不然，虽然两者只有一字之差，但内涵却大大的不同，因此，不同的立足点也就带来了不同的经营理念。

可以这样说，用户是产品的最终使用者，而客户却不一定是最终的使用者；用户关心的是使用价值，而客户更关心的是价格；与客户的关系是基于交易，而用户则不一定是产品的买单者；以客户为向导，营销策略是有效的，而以用户为向导，体验才是最为关键的。

正因为如此，才导致用户思维和客户思维有着极大的不同。在互联网时代，用户是主角，商家、企业和用户形成了一种独特、自由和平等的关系链。谁也不用去讨好谁或依附谁，他们是因为产品的魅力才互相吸引，因真诚而互相交流，因信任而结成新的商业社群。

具体而言，用户思维与客户思维有着根本性的区别。

第一，用户思维是一种打动思维，而传统的客户思维则是告知思维。客户思维通过大量的广告和促销手段告诉客户，我的产品怎样怎样好，快来购买我的产品吧。而用户思维是一种打动思维，相比淡漠、强制性的客户思维模式，用户思维是把每一个消费者都当成朋友，产品是他们产生关系的唯一媒介。

第二，用户思维是信任与认同的思维，打动消费者只是一个开始，想让消费者成为忠实的用户，还需要带给他们认同感和信任感，只有这样才算是真正的用户思维。要想获得用户的信任，就要让产品体验超出他们的预料之外，即在满足用户的基本诉求之外，还能带给他们极致的产品体验和身份认同。

第三，用户思维是社群营运思维。传统的客户思维体验是客户与商家发生了交易之后才产生的，而用户思维体验则是从你开始关注时就已经产生了。只要发生联系，就已经成为了用户。用户思维模式，就是通过持续不断地体验，让你从关注到产生兴趣，再到成为使用者，然后变为粉丝，最后形成社群。

以前，我们说得较多的是"客户是上帝"。事实上，上帝不是被供奉，就是被诅咒，从来未被服务。客户怎么能是上帝呢？产品研发、营销和交付都要"以客户为中心"，也就是所谓的客户思维。而用户思维，即"以用户为中心"的思维，在价值链各个环节中都要"以用户为中心"去考虑问题，并主张以用户思维代替客户思维。

显而易见，"用户"以及"用户思维"的崛起，不仅已经、而且正在、当然还要继续革"客户"以及"客户思维"的"命"。那么，作为那些仍然深陷于"客户"以及"客户思维"泥潭而不能自拔的企业，如果不能主动进行自我革命，那就必然要被革命。

同时，也不要以为是那些竞争者在颠覆你。抛开表象看本质，竞争者并不是你的对手，时代才是你最大的对手。

目 录

第一章 品牌优势不再：从辉煌走向没落的品牌现象 ················· 1

品牌诞生成长的每一步都经历磨难，只有经过一次次的脱胎换骨、一次次的生死轮回，才能凤凰涅槃、浴火重生。综观世界商业领域，有很多国家的品牌从本土走向国际，也有很多品牌曾经叱咤风云，妇孺皆知，但是却因种种原因走向没落，像流星一样淡出了人们的视线，还有些品牌虽然健在，但已被并购或者控制，或处于生死关头。缅怀这些品牌，或许可以帮助我们中国企业思索应该如何吸取经验教训，打造经久不衰的品牌。

透视品牌的前世今生 ················· 2

从声名鹊起到风光不再的中国品牌 ················· 13

那些渐趋倒塌的昔日国际品牌巨头 ················· 17

制造大国不会成为品牌强国 ················· 22

谁无视趋势，谁就要被淘汰 ················· 25

走出品牌没落误区 ················· 28

第二章 用户第一：卖什么？用户说了算 ················· 31

"用户第一"强调的是卖什么产品及产品的真实价值究竟值不值，要让用户说了算。基于这一理念，品牌要能够进入消费者的心里，企业要正视互联网时代表现为价值导向的社会化营销，增强变革时代的品牌悟性并积极创新，以提升产品质量来塑造品牌形象，通过占位消费者的心里来建立良好的认知并影响消费者的行为。另外，企业要练好"内功"，咬紧牙关抓创新、抓投入，先做好，再做大，做大之后才能做强。

进入消费者的心智 ························· 32

社会化营销：互联网导出一个时代拐点 ··········· 35

时代已变，品牌还在原地发呆 ··············· 39

创意是品牌重点之一，但并非唯一 ············· 42

用户心智认知即品牌事实 ················· 44

不是做大做强，而是做好做强 ··············· 47

第三章　用户为王时代，产品如何与众不同 ············· 51

用户不仅决定产品能否成为品牌，甚至决定品牌可以活多久。所以，首先你得站在顾客的角度去思考，顾客需要的是什么，然后我可以为他打造什么。挖掘客户的思维，可以让我们很好地体会客户的所想所感。顾客为什么要买你的产品，不是平白无故的，肯定是某一点触动了其内心深处的需求点才决定下单购买的。其实关注用户的需求，是任何时代企业成功的关键，而今天则更为突出。

这是一个看增量而非存量的时代 ············· 52

心智聚焦，成与败的关键 ················· 55

情景式思维：用户的痛点、痒点和兴奋点 ········· 58

别问自己"想做什么"，得问"能做什么" ········· 61

产品设计源于用户与创客 ································· 64

没有客观的现实，更没有最好的产品 ················· 66

第四章 营销认知战场：你的对手不是同行，而是时代 ·········· 69

"这是最好的时代，这是最坏的时代，这是智慧的时代，这是愚蠢的时代；这是信仰的时期，这是怀疑的时期；这是光明的季节，这是黑暗的季节；这是希望之春，这是失望之冬。"——狄更斯《双城记》中的这段话正是当下企业心态的真实写照。所以，要确立新的视野、转变思维与营销对策，才能适应新形势，对中国大多数企业而言，这是很痛苦的转变。著名企业家张瑞敏说"没有成功企业，只有时代企业"，那么企业如何迈过这道坎，成为时代的企业呢？

小米，其实不是神话 ································· 70

过去制造产品，现在制造服务 ····················· 72

消费趋势隐藏在生活方式中 ························· 75

销售无处不在 ····································· 78

互联网时代，自大是最大的错误 ····················· 81

自发与自觉：品牌新贵的成长之路 ··················· 84

努力成为"下一代" ································· 87

第五章 品牌营销竞争利器：品牌文化与核心价值 ············· 91

一个品牌力量的强弱决定于其文化内涵与核心价值，一个拥有文化的品牌就像一个有内涵、有深度、有故事的人，会巧妙地吸引他人的关注与兴趣。好的品牌文化会让品牌变得有思想、有生命力。品牌的内核、品牌的价值和感召力是一个品牌最为特别和持久的能量。特别是品牌传递出的文化成为品牌魅力所在，即消费者对品牌文化的认同，甚至不亚于产品本身。

营销是智慧战更是艺术展 ································ 92

长青品牌的基因——品牌文化 ···················· 95

品牌就是个性化与差异化 ···························· 98

核心价值的寻找才是品牌经营的根本 ·········· 101

高溢价是品牌生存的基础 ························· 106

品牌经营是门大学问 ································· 109

创新变革是品牌制胜法宝 ························· 112

变中必有不变 ··· 120

第六章　网络时代的品牌形象维护 ······· 125

上网用户越来越多，在互联网时代，企业品牌更显重要，因为一旦操作不当，有可能带来灭顶之灾。互联网时代是以口碑选择产品的时代。要买一款产品，人们最先做的，就是先到网上看这款产品的评论，要看大家对于产品质量的评价，要看大家对于产品售前、售后服务的评价，然后才决定要不要购买。所以，基于这一点，没有好口碑，就没有好品牌。

互联网时代的品牌转型 ···························· 126

内外兼修的品牌形象塑造 ························· 129

三像合一形象诊断 ································· 133

讲好企业的品牌故事 ································· 135

竞争从四面八方而来 ································· 138

品牌个性来自"发乎情"，而非"止乎理" ······ 141

"有口皆碑"者胜 ·· 144

第七章　跨界竞争时代的"用户思维"模式 ·············· 147

最近大家可能听到最震撼的一句话是——移动说，搞了这么多年，今年才发现，原来腾讯才是我们的竞争对手。未来十年，是中国商业领域大规模打劫的时代，所有大企业的粮仓都可能遭遇打劫。一旦人们的生活方式发生根本性的变化，来不及变革的企业必定遭遇前所未有的劫数。传统品牌路线专注的是产品，用什么样的产品和技术会达到功效。但是当今时代应该首先知道到底怎么样把用户区分出来，然后再思考制造产品。

用户痛点也是商机热点 ·································· 148

用户思维的核心就是体验至上 ························· 151

不但要跟住用户，还要超前用户 ······················ 153

品牌是演化出来的，不是规划出来的 ·················· 156

成功是因为角度与高度 ·································· 158

站在制高点进行整合 ···································· 161

第八章　社群运营：互联网时代的品牌传播新途径 ······· 167

社群营销就是基于相同或相似的兴趣爱好，通过某种载体聚集人气，通过产品或服务满足群体需求而产生的商业形态。社群营销的载体可以是各种平台论坛、微信、微博、QQ群，甚至线下的社区，都可以做社群营销。通过社群营销可以提供实体的产品满足社群个体的需求，也可以提供某种服务。掌握并且熟悉互联网时代的品牌传播新途径，可以为企业品牌拓展更广泛、更有效的营销渠道。

物以类聚，人以群分 ························ 168

从乔布斯的苹果禅说起 ··················· 171

传统企业拥有的是客户而非用户 ············· 175

懂人性知人心才能得人心 ··················· 178

品牌：不是商家自己说了算，而是消费者说了算 ··· 182

最重要的是你的独特性 ···················· 185

社交网络服务（SNS）助推品牌传播 ··········· 188

第九章　用户的"未来" ······· 193

21 世纪是互联网时代，互联网已经改变了我们的生活，全球都进入了互联网经济时代。互联网时代讲究用户思维，而用户思维就是指在价值链各个环节中都要"以用户为中心"去考虑问题。作为企业，必须从整个价值链的各个环节，建立起"以用户为中心"的企业文化，只有深度理解用户才能生存。简而言之，没有认同，就没有合同。

用户不再被动消费 ························· 194

生产消费者将成为常态 ····················· 197

私人定制产品将成为主流 ··················· 199

能够分享的都会被分享 ····················· 202

五行思维根植于用户 ······················ 205

大数据让营销更匹配用户需求 ··············· 209

参考文献 ······························ 213

后　记 ································ 215

第一章 品牌优势不再：从辉煌走向没落的品牌现象

　　品牌诞生成长的每一步都经历磨难，只有经过一次次的脱胎换骨、一次次的生死轮回，才能凤凰涅槃、浴火重生。综观世界商业领域，有很多国家的品牌从本土走向国际，也有很多品牌曾经叱咤风云，妇孺皆知，但是却因种种原因走向没落，像流星一样淡出了人们的视线，还有些品牌虽然健在，但已被并购或者控制，或处于生死关头。缅怀这些品牌，或许可以帮助我们中国企业思索应该如何吸取经验教训，打造经久不衰的品牌。

　　简单地说，品牌是一种商品综合品质的体现和代表，也是人们对一个企业及其产品、售后服务、文化价值的一种评价和认知，更是一种信任。但是，正如世界上的任何一种事物，有产生就有发展的过程，还有最终的消亡。当然，品牌也不会例外。事实上，从中国到世界，有很多品牌从辉煌走向没落。

　　我们要说的是，从辉煌走向没落的品牌现象并非都属于自然规律。如果套用列夫·托尔斯泰的说法，那我们可以这样说——屹立不倒的品牌都是相似的，从辉煌走向没落的品牌则各有各的原因。尤其是在这个品牌没落、用户崛起的时代，弄明白这其中的原因，肯定会对我们企业的品牌建设与发展事业提供有益的帮助。

透视品牌的前世今生

说到品牌，现在几乎是家喻户晓、妇孺皆知。但是要追本溯源，恐怕就要多费一些口舌了。且让我们稍微探究一下：

"品牌"这个词来源于古斯堪的那维亚语 Brandr，意思是"打上烙印"。最古老的通用品牌是在印度，吠陀时期（9000～10000 年前）被称为"Chyawanprash"，广泛应用于印度和许多其他国家，以受人尊敬的哲人 Chyawan 命名。意大利人是 12 世纪最早在纸上使用品牌水印形式的。

品牌的英文单词 Brand，源出古挪威文 Brandr，意思是"烧灼"。人们用这种方式来标记家畜等需要与其他人相区别的私有财产。到了中世纪的欧洲，手工艺匠人用这种打烙印的方法在自己的手工艺品上烙下标记，以便顾客识别产品的产地和生产者。这就产生了最初的商标，并以此为消费者提供担保，同时向生产者提供法律保护。16 世纪早期，蒸馏威士忌酒的生产商将威士忌装入烙有生产者名字的木桶中，以防不法商人偷梁换柱。到了 1835 年，苏格兰的酿酒者使用了"OldSmuggler"这一品牌，以维护采用特殊蒸馏程序酿制的酒的质量声誉。

在《牛津大辞典》里，品牌被解释为"用来证明所有权，作为质量的标志或其他用途"，即用以区别和证明品质。随着时间的推移，商业竞争格局以及零售业形态不断变迁，品牌承载的含义也越来越丰富，甚至形成了专门的研究领域——品牌学。

品牌诞生以前的商品或服务主要是以实用价值为主，具有同质性。同质的商品或服务的竞争就是价格的竞争。价格竞争难以建立有价值的顾客基础，难以保持顾客的忠诚度，新产品、新技术或新的营销方式很容易被模仿，且所有的优势地位都难以持续。此外，商品化的企业难以享受价值的增值空间，很难成功通过战略进行竞争。下面这个有趣的故事，有关同质性商品或服务时代的变革，同时也标志着真正意义上的品牌的诞生。

19世纪60年代，因为当时没有冰箱，人们为了便于肉类迅速出港运往全国，便把屠宰基地选在了辛辛那提这个港口城市。码头各种各样的货物堆积成山。辛辛那提很快成为了当时全美最大的屠宰基地。很多客商来到辛辛那提不进城就直奔码头将所需之肉装入船舱，立刻运往全国各地。正是在这样的一个产业背景下，相关的肉制品深加工行业得到了迅速的发展，宝洁公司就是在这样一个得风得雨的商业环境中茁壮发展起来的。经过20年的发展，1867年宝洁成为了一家专门生产蜡烛和肥皂的中型企业。

宝洁在品牌的发展过程中有一件轶事。当时宝洁公司跟其他的肉制品企业一样将产品堆在码头上，为了防止产品被风吹雨淋，每堆货物上都盖了帆布。客商在订货的时候，打开帆布查验货物。如果客商认同货物，就把货物运走。但是这样会花费大家很多的时间，偶尔还会记不清自己的产品在哪里。因为码头的货物全用帆布盖着，所以业务人员要花很长时间来寻找自家的产品。宝洁公司的员工提了一个朴素的建议——在帆布上打一个明显的标志。于是宝洁公司率先在帆布上画了一个极大的圆圈和一个五星。随后一件神奇的事情发生了，商品被客商迅速地一抢而空。没打标志之前一堆货物从放入码头到销售出去平均耗时15天；打了标志以后，销售时间缩短到2小时。这件事情引起了大家的注意。于是其他客商也在自己的货物上打上了标志。因为大家觉得这一定有助于销售。最后，帆布上打标志的产品越来越多，码头上一片混乱。宝洁公司在想怎么样才能继续保持优势，同时又能够不受其他产品或厂商的影响？当时有人提出了另外一个想法在产品上打上独一无二的标志，别人就不能够简单地模仿，这样就有利于产品的销售和传播。当时的宝洁公司做出了历史性的决定，不能用公司的名字作为每一个产品的品牌，应该给每一个产品取一个只属于自己的名字，以保持产品的独特性。在这种思想的指导下，世界上第一个真正属于产品的品牌 IVORY 诞生了。自此以后，品牌的概念才在人们的大脑中逐渐清晰开来。

从 1865 年品牌诞生至今，美国仍然还存在 IVORY 香皂，IVORY 香皂在全美的市场占有率约 11%。1962 年，IVORY 香皂的全美市场占有率高达 60%，之后宝洁公司设计了星月标志——月亮的脸配上若干颗星星，印在每一块香皂的包装纸上。这个标志被广泛地誉为世界上第一个真正意义的商品品牌。星月标志诞生 20 年后，美国政府推出了商标管理办法。全美大多数产品开始拥有自己的正式注册商标。商标思想从此诞生。同时，品牌概念以及工作方法开始逐步被引入到商品世界中。

这个故事说明，品牌的诞生带有一定的偶然性，同时也是一个必然的过程。

由于品牌拥有者可以凭借品牌的优势不断获取利益，可以利用品牌的市场开拓力、形象扩张力、资本内蓄力不断发展，因此我们可以看到品牌的价值。这种价值我们并不能像物质资产那样用实物的形式来表述，但它能使企业的无形资产迅速增大，并且可以作为商品在市场上进行交易。

1994 年世界品牌排名第一的是美国的可口可乐，其品牌价值为 359.5 亿美元，相当于其销售额的 4 倍。到 1995 年可口可乐的品牌价值上升到 390.50 亿美元，1996 年又上升为 434.27 亿美元。

我国的品牌创造虽起步较晚，但国内的名牌发展较为迅速，像云南红塔集团的"红塔山"，浙江杭州的娃哈哈，千岛湖的农夫山泉，山东青岛的海尔，四川绵阳的长虹集团等知名品牌的价值也很不菲。我们以 1998 年评估为例："红塔山"的品牌价值为 386 亿元人民币，"海尔"的品牌价值为 245 亿元人民币。

品牌是企业的无形资产，不具有独立的实体，不占有空间，但它最原始的目的就是让人们通过一个比较容易记忆的形式来记住某一产品或企业，因此，品牌必须有物质载体，需要通过一系列的物质载体来表现自己，使品牌形式化。品牌的直接载体主要是文字、图案和符号，间接载体主要是产品的质量、产品服务、知名度、美誉度、市场占有率。没有物质载体，品牌就无法表现出来，更不可能达到品牌的整体传播效果。优秀的品牌在载体方面表现得较为突出，比如"可口可乐"的文字使人们联想到其饮料的饮后效果，其红色图案及相应包装能起到独特的效果；再如"麦当劳"其黄色与拱形"M"会给人们带来多重的视觉效果。

品牌作为无形资产其价值可以有形量化，同时品牌还可以作为商品进行交易，比如有以品牌入股形式组建企业，有以品牌的号召特许经营，更有加盟到品牌门下的形式。

同时，品牌还是产品或企业核心价值的体现。消费者或用户通过品牌，通过对品牌产品的使用，形成满意度，就会围绕品牌形成消费经验存储在记忆中，为将来的消费决策形成依据。一些企业更为自己的品牌树立了良好的形象，赋予了美好的情感，或代表了一定的文化，使品牌及品牌产品在消费者或用户心目中形成了美好的记忆。比如"麦当劳"，人们对于这个品牌会感到一种美国文化、快餐文化，会联想到一种质量、标准和卫生，也能由"麦当劳"品牌激起儿童在麦当劳餐厅里尽情欢乐的回忆。

互不相同的品牌各自代表着不同的形式，不同质量，不同服务的产品，可为消费者或用户购买、使用提供借鉴。通过品牌人们可以认知产品，并依据品牌选择购买。例如人们购买汽车时有这样几种品牌——奔驰、沃尔沃、桑塔纳、英格尔等，每种品牌汽车代表了不同的产品特性、不同的文化背景、不同的设计理念、不同的心理目标，消费者和用户便可根据自身的需要，依据产品特性进行选择。

品牌代表企业，企业从长远发展的角度必须从产品质量上下功夫，名牌产品、名牌企业，特别是知名品牌既代表了一类产品的质量档次，又代表了企业的信誉。比如"海尔"，作为家电品牌，人们提到优质"海尔"就会联想到海尔家电的高质量，海尔的优质售后服务及海尔人为消费者用户着想的动人画面。再如"耐克"作为世界知名运动鞋品牌其人性化的设计、高科技的原料、高质量的产品被人们所共睹。"耐克"代表的是企业的信誉、产品的质量。

品牌是一个名词、名称、符号或设计，抑或是它们的组合，其目的是识别某个销售者或某群销售者的产品或劳务，并使之与竞争对手的产品或劳务区别开来，通常由文字、标记、符号、图案和颜色等有形要素组合构成，同时还由很大一部分无形的感觉部分组成，其真正的奢侈品牌无形部分远远大于有形部分。无形部分比例甚至可以达到80%，而20%为有形部分，也可以说品牌是附着在产品或服务上的情感认同，而情感是无形无价的。

如今的品牌拥有诸多的构成要件与属性，姑且称之为品牌的"八品之冠"。

一个品牌的成功、成熟一定会在以下方面做到相对经典。可以概括为品名是根本，品质是基础，品相是前提，品德是关键，品位是灵魂，品能是保障，品类是属性，品行是风格。

其一，品名是根本，是品牌中可以用语言来称呼的名字。

品牌名称对于一个品牌来说显得极其重要，不要小视一个名字背后的能量。自古以来，很多名人、伟人都有改名字的行为，改名字的真实动机和原因就是原先名字不能够很好地反映他内心的需求或者愿望，经常看到自己不喜欢的名字会产生消极抵抗行为，会产生负能量，而积极的名字会产生强烈的正能量，无形当中会纠正和引导你朝着设定的方向和目标前行。

品牌名字遵循"讲得出、听得进、记得住、传得开"的原则。要便于记忆和符合音律。杭州的魅力景点"柳浪闻莺"、"曲院风荷"，还有家居广场"吉盛伟邦"的名字都符合这种阴阳上去、抑扬顿挫的音律美。取名字是门大学问，从来都没有一个叫陈阿狗的人名可以登上大雅之堂，大到国家领导人的姓名都是非常有讲究的。

"可口可乐"的中英文取名如此和谐；"蒙牛"的画面感很强，既好喝又好记，但曾经的名字叫"会吹牛的牛奶"；"娃哈哈"、"阿里巴巴"的名字更是妙趣横生，包括国外的奔驰宝马汽车的中文名字，都具备强大的行业属性和传播优势，取一个好的品牌名字将对品牌的成功起到至关重要的作用。

让品牌名称在消费者脑海中快速占位，形成记忆烙印很重要，另外，品牌内涵和声调的积极暗示也非常重要。据调研，优秀或经营得好的品牌名称中最后一个字的声调，其中80%是往上走的，如农夫山泉、蒙牛、华为、奔驰，正好迎合人类的积极属性——人往高处走，水往低处流。

当然，如今大家的知识产权、品牌保护意识都在加强，商标都会去国家商标总局注册，这样就导致了商标注册的泛滥，恶意抢注行为不断，好名字不一定能够注册已成为困扰品牌命名的首要问题。已经有好名字保护的品牌且行且珍惜！

其二，品质是基础，能够反映品牌的质量。

品牌由其物理品质和精神品质两个部分构成。LV的箱包非常有名，且价格很昂贵，但女性还是非常喜欢。首先它的材料、品质肯定没有问题，另外提上它能够代表身份和品位。不是每一个人都知道 LV 会有很严格的关于产品的审核，比如每一毫米的布料要用多少线，各种零配件具体的规格都有非常严格的规定。在深圳和广州有很多贴牌厂家很擅长模仿 LV 的箱包，你可以去买两个包，一个是真正的 LV 包，另外一个是深圳或广州做的仿冒 LV 的包。见过 LV 包的人也来看这两个包，这些人非常熟悉这些产品的规格，但是他们也分不清哪一个是真的，哪一个是假的。这就说明品牌不仅仅是品质，品牌还有自己的隐形成分在里面。如果没有品质，达不到这些要求的话品牌效果肯定也不好，所以说品牌的基础是品质。

真正的产品作品是有灵魂的，外形的相像只能代表外在，真正的内涵是不好逾越模仿的。教授站在讲台上的样子，戴个眼镜，穿着西装和皮鞋这些都很好模仿，但是讲课的风采，嘴里说出的话语就不是那么好效仿了。真正的刘德华的演技是没办法超越的，你充其量做做刘德华的模仿秀，而模仿秀只能拿到体现模仿秀价值的钱。所谓形似容易神似难，真我本我的产品不要担心它的市场，是金子总会发光。

其三，品相是前提，就是品牌标记，如符号、标志、图案、颜色等。

现代生理学、心理学的研究证明，在人们接收到的外界信息中，83% 以上的信息是通过眼睛，即视觉传播，11% 要借助听觉，3.5% 依赖触觉，其余的则源于味觉和嗅觉，视觉符号的重要性可见一斑。美国最大的化学工业公司——杜邦公司的一项调查表明：63% 的消费者是根据商品的包装来选购商品的；中国古代还有一个买椟还珠的故事。春秋时期，楚国有一个商人，专门卖珠宝的，有一次他到齐国去兜售珠宝，为了生意好、珠宝畅销起见，特地用名贵的木料制作成许多小盒子，把盒子雕刻装饰得非常精致美观，使盒子能发出一种香味，然后把珠宝装在盒子里面。有一个郑国人，看见装珠宝的盒子既精致又美观，问明了价钱后，就买了一个，打开盒子，把里面的宝物拿出来，退还给珠宝商。这些例子充分证明视觉传播在信息传播过程中的重要性。

都说美女经济、眼球经济到来了，视觉盛宴成了时尚话题，国内外的豪车名车展上的美女效应尤为显著，香车是一定要美女配的。现在还有很多公司人力资源招聘，首先看的是长相与气质，能否与公司文化相匹配，是不是带有邪恶之气，这些和就业成功有直接的关系。找对象上又出现了个"外贸协会"、"外貌控"之类的话语，也从侧面反映出人们对于形象外貌的重视程度。企业形象和人的形象是一样的，也都会存在被人认同被人推崇的情况，一个好的企业形象不用说太多的话，一个好的商品的包装也不需要太多的推销，商品自己会说话。这样会降低企业的传播成本，达到快速被认知的过程。

当然这里指的品相，除了外表的美丽动人之外，还有很大一部分存在于无形之中，这又好比一个人，一个姑娘长得很漂亮，但一说话满口粗俗、举止不雅、心灵邪恶等，很快也会让人对她产生丑恶的感觉。一个品牌同样如此，除了有好的品牌形象、品牌包装之外，还必须要有良好的品牌内涵，只有内外兼修方能美名远扬。一个优秀的标志符号是品牌个性的浓缩。

其四，品德是关键，就是指企业文化、价值观念与经营理念，属于内在美的范畴。

一个品牌好比一个人，品德显得尤为重要。很多公司在用人的时候都会提到"有才无德者不用"。可见品德对于一个人来说是多么重要！企业品牌诠释着企业品德，企业品德支撑着企业品牌。品牌的创立不仅取决于企业的技术水平、知识水平，更取决于企业的道德水准、精神信仰。品牌是企业自身在消费者心目中地位和价值的体现，是企业在长期经营中形成的消费者对企业的评价或口碑，其主要载体是经过市场检验和得到消费者公认的优质产品或服务。好品牌不能自封，更不是用金钱买来的。良好的品牌是用一点一滴的信誉累积起来的无形资产，是产品、服务、声誉、效益、消费群体及社会形象等的总和。它不仅代表了众多忠实的顾客，形成了稳定的消费群，还由于知名度、信任度和美誉度使企业的营销成本减少，使销售额在稳定中递增。优秀的企业品牌是靠企业信誉长期历练而来，而不是靠媒体炒作、广告宣传获得的。

企业是由人来创办的，品牌是由人来打造的，故而人的品质决定企业的品牌。做好产品以前先做好人，企业领头人的品质尤其重要。所谓人的品质，就是人的品行道德和给人们的印象。印象是什么？说白了就是一个人的人格和品德在为人处事上的表现。品德好，口碑就好，反之亦然。所以，打造品牌，企业的每个人都要注重自身的品德，都要以良好的品德做企业品牌。打造品牌的直接目的并不是在于赚多少钱，而是为了树立品牌形象、赢得顾客信任。有时候，为赢得市场和消费者信任，可能还要为某些个人造成的一些过失付出代价。一个优秀品牌的社会责任感，老板文化对企业的影响至深，经营品牌就好像是经营人生，经营内容非常重要。

现在在能源型开发的企业中，有天堂资源和地狱资源一说。经常有电视新闻报道这里煤矿透水，那里煤矿事故，那些地狱资源是不能够过度开采的，过度开采最后的恶果就是搬起石头砸自己的脚，将自己送向地狱之门；要大力开采天堂资源，像太阳能、风能、潮汐能源的合理利用与开采，这些取之不尽用之不竭的能源才值得大力推广。企业要赚取阳光利润，其实利润是服务社会或个体过程中的一种自然回报，经营企业时，不能将眼光和视野仅仅盯在利润上，那些仅将眼光和视野盯在利润上的企业，总有一天是会赚不到钱的，因为他的出发点就不对。比如同仁堂等百年老药店，就曾有过亏血本毁掉不合格药材而树立信誉的经历。相反，也有"三鹿奶粉"经营者的思想垮塌，逐利过程中丧失良心道德底线，冠生园月饼等事件都是在做品牌过程中品德不正导致的企业垮台，因为道德缺失把企业给葬送的案例不胜枚举。

至于形成品牌之后能够多赚钱，那是因为品牌在客观上能够带来一种吸附和放大效应。换句话说，就是因为你的产品生产与经营服务不但适应消费者需求，而且得到了消费者深深的信任，所以才能带来丰厚的经济收益。只有具备为消费者着想、以诚信为本等良好品德，才能为品牌增色，也才是品牌的内核和根基，企业才能够基业长青。

其五，品位是灵魂，就是指品牌的科技含量和文化底蕴的综合体现。

对于一个人来说，品位是形象的展示，内在气质的表现，人生价值的体验，道德修养的内涵，品位是各种知识的综合，品位是人生阅历的经典。品位既是儒雅的，又是崇高的。

不管是男性还是女性都有自己的品位。你的选择决定了你是什么样的人，诠释着你的风格和举止。品位决定了我们的言行举止，决定了我们穿衣、吃饭和谈话的方式，品位决定了我们该拥有什么、该和谁交往，品位是内在的一种宁静，一种淡泊，一种心境。一个人有没有品位完全是个人心灵的一种流露。品位不是一种虚无缥缈的自我感觉良好，它是全面、整体的，由表及里的综合表现。它是由内而外产生的韵味，它像清风拂动，像月光挥洒，只能感觉它的存在，却难以真切地描述它。一个人的魅力所在怎么解释，按照中国文字的会意造字就是不知道怎么回事就被迷上了，这是人的魅力所在；有些时候你对一个人的崇拜和尊重，是完全建立在被征服的基础上的，你会对他的谈吐、气质、举止各个方面都非常认同。就像奥巴马的演讲、陈道明演的康熙，还有王志文的语言，都有说不清道不明的内涵在影响着大家，其实这些也就是一个人的品位所在。优秀的品牌也一定具备这种特质。品位的形成是不容易的。

其六，品能是保障，是指产品的功能，除了使用功能还有带给消费者的某种体验和感受。

一个产品、一个品牌不可能没有功能，要么能够满足人的物质需求，要么能够满足人的精神所需，或者同时满足两方面的需求。功能是产品的基本属性，产品在研发过程中设计者一定要考虑到其功能性并考虑人机工程的合理性，这样的产品才能得到消费者的认同。

随着消费者的成长、成熟，商品的日益增多，竞争的日益加剧，对产品创造者的挑战越来越大，有时产品不能简单地满足消费者的初级需求，而需要满足更高层面的消费者需求。乔布斯呕心沥血创造出的苹果产品，怎么看、怎么用都是那么符合人性需求，简洁的 Logo，清爽的界面，人机交互设计，人性化的菜单加上傻瓜式的操作程序，对于消费者来说不需要太多的学习就可以掌握手机的操作方法，它是唯一一个没有产品使用说明书的品牌手机，因为乔布斯相信自己的设计和消费者的聪明，另外，说明他太懂消费者了。苹果在一开始进入中国就将国产手机打得落花流水，说明我们的产品与国外的产品确实存在一定的差距，消费者愿意花更多的钱去购买更好、更有价值的产品。

其七，品类是属性，就是品牌所涵盖的产品类别。

按照美国 AC 尼尔森调查公司的定义，品类即"确定什么产品组成小组和类别，与消费者的感知有关，应基于对消费者需求驱动和购买行为的理解"；家乐福则认为"品类即商品的分类，一个小分类就代表了一种消费者的需求"。还有一种理解就是，品类即商品种类。一个品类是指在顾客眼中一组相关联的或可相互替代的商品或服务。不同的品类角色意味着不同的品类策略和品类目标。

中国商标注册一共有四十五类，你的品牌属于哪一类？中国有一句古话叫"男怕入错行，女怕嫁错郎"实际上也是对品牌类别的最好诠释，三百六十行行行出状元。

其八，品行是风格，品牌的行为作风。

品行是风格，就是指企业的管理行为、广告宣传行为、公共关系行为、销售行为、服务行为等企业组织行为和员工个人行为在社会上的表现给公众留下的印象，给品牌留下的积累。作为人来说就是这个人的行为品德的综合概述。

行事作风是企业文化当中的重要组成部分，也是品牌中的重要属性。在品牌的经营过程中，和人一样要有行为教育、道德约束，从一开始就关注它的点滴成长，品牌才有可能形成一个良好的品风，给公众留下美好的印象。

从声名鹊起到风光不再的中国品牌

有意识地打造品牌，在中国是很晚的事情。大致说来，中国的品牌建设经历了如下几个阶段：第一个阶段是 20 世纪 80 年代，中国企业开始了以注册商标为标志的品牌建设阶段。第二个阶段是 20 世纪 90 年代，开展名牌战略创品牌知名度阶段。第三个阶段是 21 世纪初，创建自主知名品牌阶段。

随着中国经济的发展，在很短的时间里，中国的市场上曾出现了为数众多的知名品牌，而这些头顶围绕着五彩光环的品牌，亦如它们的产生一样迅速，长则数年，短则几月，就像流星般拖着美丽的弧光消失在天际，被市场竞争淘汰得无影无踪。

比如说国产老家电品牌，包括水仙洗衣机、菊花电扇、骆驼电扇、牡丹电视机、熊猫彩电、黄山彩电、西湖电视、长城电扇、北京彩电等，曾经风光一时，但这些老品牌大多是计划经济时代的产物，当家电市场逐渐开放的时候，旧的企业机制令其没法和市场机制运作发育强大的品牌进行竞争，只有被市场淘汰。虽然也有一些品牌与外资合作，但往往效果欠佳，甚至更快走向品牌灭亡。而留下来的品牌大多没能延续曾经的辉煌，包括春兰、万宝等，被挤出主流圈，沦为二三线品牌，甚至成为区域性品牌。

同时，在过去20多年中，中国自主品牌汽车也遭遇了市场的困境，在未来几年市场争夺中，将会有更多自主品牌小车企将会倒闭或生产困难。

从市场份额来看，过去一年中，中国自主品牌确确实实过得艰难。中汽协数据显示，去年我国自主品牌的市场份额为38%，远低于2010年高峰时的46%。而自主品牌轿车份额更是从31%下滑至22%。换句话说，阵容如此庞大的自主品牌"大军"，市场份额仅与大众一家相当。

如果做一个整理，可以发现以下曾经辉煌过的50个中国本土品牌，有些已经彻底消失，有些品牌虽然健在但是已经被外资并购或者控制，有的品牌则已经处于生死关头。如表1-1所示。

表1-1　从辉煌走向没落的50个中国本土品牌

领域	没落的品牌
食品、饮料	北冰洋汽水、旭日升冰茶、华丰方便面、天府可乐、汾煌可乐、傻子瓜子、春都火腿肠、乐百氏（被达能并购）、健力宝
白酒、啤酒	秦池古酒、孔府家酒、孔府宴酒、哈尔滨啤酒（被美国AB公司并购）
日化用品	活力28、美加净牙膏、熊猫洗衣粉、奥妮洗发膏、三笑牙刷（商标使用权卖给高露洁，商标被"雪藏"）、小护士化妆品（被欧莱雅收购）、大宝化妆品（被强生收购）
保健品	三株口服液、太阳神口服液、哈慈五行针、中华鳖精

续表

领域	没落的品牌
IT、电信、家电	孔雀电视、爱多VCD、润迅寻呼、乐华电器、小鸭洗衣机、高路华彩电、燕舞收录机、长城电扇、红心电熨斗、飞跃电视、东宝空调、西泠冰箱、小霸王学习机、扬子冰箱、长江音响
其他	红高粱快餐、亚细亚商场、庄吉西服、俞兆林保暖内衣、瀛海威（互联网）、上海手表、王麻子剪刀、商务通、科健手机、统一润滑油（2006年被壳牌并购75%股份）、南孚电池（2003年被收购）

那么，这些曾经辉煌的中国品牌又是如何走向没落的呢？我们大致总结出以下六个方面的原因。

一是定位不准。几乎不存在对品牌价值的准确定位，品牌核心价值不清晰、缺乏个性、品牌气质趋于雷同。不具有高度差异性的核心价值等于放弃了忠诚客户，将命运交给下游经销商手中，是令广大品牌精疲力竭的价格战、渠道战的根源。在生活多姿多彩的当今社会，消费者需求越来越趋向个性化，没有一个品牌可以成为"万金油"，对所有的消费者都产生吸引力，一个品牌的核心价值如果能触动一个细分消费群就已经很了不起。缺乏个性的品牌核心价值是没有销售力量的，不能给品牌带来增值，不能创造销售奇迹。

二是缺乏定力。企业在战略上缺乏定力，广告表现诉求主题月月新、年年变。尽管大量的广告投入也能促进产品销售，但几年下来却发现品牌资产、整体价值感与品牌威望并没有得到提升，广告一停销量就立即大幅度下滑。准确、清晰、具有差异化的品牌核心价值确定以后，企业必须以非凡的定力去坚持这个定位，在漫长的岁月中不被风吹草动所干扰，让品牌的每一次营销活动、每一分广告费都为品牌做加法，起到向消费者传达核心价值或提示消费者联想到核心价值的作用。久而久之，核心价值就会在消费者大脑中烙下深深的印记，并成为品牌对消费者最有感染力的内涵。

三是过分依赖广告。没有用品牌核心价值统帅企业的一切营销活动，导致品牌建设成本极高。不少赫赫有名的品牌利润很低或陷入亏损的境地就说明了这一点。由于广告传播对品牌的推动作用十分明显，因此不少人误以为只要广告栩栩如生、贴切到位地传达出品牌的核心价值，品牌核心价值就能水到渠成地印在消费者脑海里，从而建立起丰厚的品牌资产，从此就可以坐在这座金山里优哉游哉吃它几辈子。品牌核心价值如果仅仅在传播上得到体现，营销策略如产品功能、包装、分销未能有效体现品牌核心价值或干脆背道而驰，消费者就会一头雾水，大脑中无法建立起清晰的品牌形象乃至根本不信任品牌核心价值。

四是急功近利。面对市场竞争压力与内外环境，轻率地使用一些有短期效果而会伤害品牌核心价值的战术。我们应该牢牢记住管理大师杰克·韦尔奇与竞争战略大师迈克尔·波特的话。杰克·韦尔奇说："一旦你产生了一个简单的坚定的想法，只要你不停地重复它，终会使之变为现实。提炼、坚持、重复，这就是你成功的法宝；持之以恒，最终会达到临界值。"迈克尔·波特说："只有在较长的时间内坚持一种战略而不轻易发生游离的企业才能赢得最终的胜利！"

五是放弃主业或模糊主业。盲目进行多元化战略扩张，又因各产业之间缺乏资源的关联性，致使边际成本过高压得企业喘不过气来，这是很多传统企业走向没落的重要原因。曾经以"庄重一身吉祥一生"广告语打响品牌的温州服装业巨头庄吉集团倒闭，掌门人郑元忠苦苦支撑近3年，最终还是无奈倒下，无法让企业"吉祥"下去。庄吉集团倒闭原因主要是因为跨行业多领域投资却遭遇市场低迷，特别是造船业寒冬导致资金链断裂，再加上银行抽贷压贷。

六是品牌资产单薄，品牌溢价能力极低。电影《大腕》中有个变成疯子的房产界大亨说："要造就造最豪华的物业，配英国贴心服务管家，讲一口地道的伦敦腔英语，逢人就说'What can I do for you?'，业主个个都开宝马、奔驰，要是开着一辆日本车就不好意思向邻居打招呼，这就叫成功人士，成功人士就是不求最好，但求最贵。"其实，疯子大亨是说得很对的！品牌的高溢价能力，完全取决企业的品牌管理能力。

那些渐趋倒塌的昔日国际品牌巨头

可以说，世界商业史就是一部品牌史。众多的商业品牌犹如璀璨的群星，闪耀在人类商业历史尤其是进入市场经济以来的浩瀚长空中。

曾经，一些世界知名企业及产品，如瑞士手表、派克钢笔、胜家公司、伊莱克斯、大宇、爱立信、福特汽车公司等一系列名字，可以说让人振聋发聩。完全可以说，它们曾经创造了世界顶级商业的历史，但一个个都从昔日的辉煌走向衰落。再如诺基亚、摩托罗拉、黑莓、柯达、百思买等，这些如雷贯耳的昔日行业巨头，如今已在激烈的市场竞争中逐渐陨落，他们或被收购或申请破产，抑或是走入其他境地。

时至今日，卖楼，似乎已经成为了一家公司遭遇重大挑战甚至是没落的标志。HTC、索尼、诺基亚莫不如此。据媒体报道，2015年末，HTC为了"有效降低成本，并通过集中管理提高生产效率"，将其位于桃园TY5大楼出售给英业达。2014年3月，索尼官方宣布将出售位于日本东京的总部办公大楼。2012年12月，诺基亚也将其位于芬兰埃斯波的总部大楼出售给芬兰的Exilion公司。作为对比，苹果豪掷50亿美元巨资打造新总部Apple Campus，似乎更是在宣示上一代巨头的寂寥没落与落幕。

我们看到的是，这些众所周知的、足以成书的辉煌，并没有让这些公司基业长青，在新时代里他们风雨飘摇，不被曾经的主场所接受，纷纷走上了转型之路——诺基亚出售手机业务，断臂求生，收购阿郎转型通信系统网络业务；HTC 手机业务一蹶不振，当下寄希望于 HTC Vive 这一 VR 设备；而索尼则朝着软件业务为重心的方向转移。

如果做一回事后诸葛亮，探究诺基亚、索尼、HTC 衰落的原因，其实总结下来，也不外乎以下几点：一是重大战略选择失误；二是裹足不前，产品线混乱；三是坚固的工程师思维，剑走偏锋。战略选择失误是先天不足，而自身的种种痼疾则是自我毁灭的风雨飘摇。

一是重大战略选择失误。谈及诺基亚手机部门的遭遇，很多人会认为诺基亚没落于没有创新。其实，诺基亚产品在设计、创新上并不输于任何一款产品。诺基亚在工业设计上能够推出前无古人的 N9，与当时的 iPhone 平分秋色。而其在创新上有 2.5D 弧形屏幕，光学防抖技术，PureView 拍照技术，超敏感触摸技术，无线充电技术，PureMotion + 屏幕技术，悦屏显示技术，双击唤醒功能，屏幕概览功能，诺基亚专业拍照，Here 地图，城市万花筒，等等。当下来看其前瞻性、引领性、创新性均在业界保持领先水准。这些功能至今仍被一众厂商模仿当做重要卖点。

那么，为什么诺基亚还是会落得出售手机业务部门这一自己皇冠上的明珠的结局呢？我们认为原因在于其罕见的重大战略选择失误。谷歌曾主动找过诺基亚，希望其能加入 Android 生态系统，但是诺基亚拒绝了，而在洛普入主诺基亚之后，更是快速地丢 Symbian、弃 Meggo，转而结盟 Windows Phone 这一初生系统。而此后诺基亚的种种遭遇则更是众所周知——Windows Phone 生态羸弱不堪，微软还从中作梗，导致在这个生态为王的时代，诺基亚空有创新却无用武之地。正是这一罕见的战略选择失误导致了诺基亚的陨落，这也许就是为什么会有那么多"要是诺基亚当初选择 Android，当今智能手机格局又会是怎样一番光景"的感叹了吧。

二是裹足不前，产品线混乱。作为选队正确，并一度占领 Android 机型高端市场，树立高端形象的 HTC，深陷如今困局的原因则在于以下几点：其一是在失去谷歌 Nexus 品牌支持的同时，还惨遭合作伙伴的"背叛"，让 HTC 叫苦不迭；其二是 HTC 在其风头正劲之时，不思打造精品，反而是上演了一出出旗舰重叠的闹剧，并且其孤高自傲，不听消费者意见，在设计上自恃过高，"后头丑、四下巴"的名号就是最好的证明。但更为严重的问题是其对市场形势与权重的错估，错失中国市场。而在当下最为人们津津乐道的创新上，诚恳地说 HTC 还是有诸多敢为人先的例子，但无奈的是失败多，成功少，最后许多创新成为了华而不实或只是抢了一时噱头。

三是坚固的工程师思维，剑走偏锋。虽然索尼的每款产品都是工业设计的精工之作，其每一代产品相较于前代产品都有一定的提升，但是相比于竞品，却是提升有限，显得有些乏善可陈，并且索尼依旧习惯于闭门造车，工程师思维太过严重，对自己的判断太过于自信，导致市场反应迟钝，不能准确把握消费者的需求。在创新上习惯于剑走偏锋，虽然在三防上拔得头筹，但是对于消费者而言，这仅是锦上添花而并不是必需品，反而是在必需品软硬件的结合上距离消费者的预期相去甚远。而自家广阔的消费设备产品线，不仅没有成为其 Xperia 旗舰产品的助力因素，反而掣肘了旗舰产品的发力。而这些不足的日积月累，导致其此前手机产品徒有其表而无其实。

索尼在许多我们认为不应该犯错误的地方往往栽了大跟头。例如在索尼引以为傲的独家买点 G 镜头上，索尼作为专业相机和影像传感器研究的巨头。G 镜头的表现应当是鹤立鸡群的，但实际上在前几代产品中，G 镜头的表现不仅不能鹤立鸡群，很多时候亦不能让人满意，拍照体验糟糕，存在跑焦、过热等问题；但反观使用索尼摄像头的厂商在拍照方面却能获得业界好评。拥有众多光环的索尼让消费者对其期望极高，但每次产品却又不能够满足消费者对它的期待，这种落差让消费者对索尼渐行渐远，让不敢破舍离的索尼在亏损的泥潭中越陷越深以致不能自拔，最终成为了当下索尼沉沦的主导因素。

再来看看柯达和百思买的没落原因。

柯达公司始创于 1880 年，它是世界上最大的影像产品及相关服务的生产和供应商，总部位于美国纽约州罗切斯特市，这是一家在纽约证券交易所挂牌的上市公司，业务遍布 150 多个国家和地区，全球员工约 8 万人。但是随着数码技术的崛起，柯达公司于 2012 年 1 月申请破产保护。是什么原因致使昔日的王者沦落成如此境地呢？

一是认错快改错慢。随着数码领域的到来，数码相机取代传统胶卷相机已经成为了历史发展的必然趋势。虽然早在 20 世纪 90 年代初，柯达已经发明了数码相机，但直到 2003 年 9 月，柯达才正式宣布放弃传统的胶卷业务，重心向新兴的数字产品转移。苹果前 CEO 乔布斯曾经说过："当你创新时，也会犯错误。你最好赶快承认错误，并投入到完善你的其他创新当中。"显然，柯达对于错误的承认并没有真的"赶快"。

二是缺乏变通。每一次技术的革新都会让一部分企业生存下来，反之也会让一些企业消亡，而最终的结果导向则多半取决于企业的变通能力。作为同为当年胶卷领域的巨头，日本富士在发展的道路上也遭遇了与柯达相似的经历。但是在发展的选择上，富士则走向了一条截然不同的道路。其中重要的一环是在发挥其在光学方面的技术优势的背景下，积极开拓包括医疗光学等领域的业务，而得益于化妆品和胶卷共同采用胶原蛋白作为原料的特点，富士在充分发挥自身光学化工领域的技术优势情况下还将业务领域延伸到了化妆品等相关领域，大大拓宽了业务的种类。

三是市场判断失利。也许很多人不知道是柯达于 1976 年制造出全球首部数码相机，此后，柯达又拥有了多达 1000 余项的数码成像专利技术，甚至世界上第一台商业数码相机也是由柯达于 1991 年研制的。而就是这样一个业界霸主，却不曾料到，这项本来属于自己的发明成果，却因为长期被搁置，而在 30 年后将公司的百年辉煌送进了历史。发明了数码相机本身领先业界，但令人费解的是，柯达始终没有下定决心将这一技术商业化，之后的 30 年，柯达仍在继续推行传统胶卷成像业务。

百思买，是全球最大的家电连锁企业之一，旗下拥有美国百思买零售、加拿大"未来商城"、顶级名牌电子产品专营店 Magnolial 以及百思买影月和娱乐品牌热线娱乐公司。据了解，百思买目前正在陷入一个尴尬的境地，不少消费者在百思买的店面中进行体验，随后他们却选择了去价格更低的地方购买，而通常他们最终会选择在亚马逊等 B2C 网站下单。其没落原因大致如下：

一是忽视业绩，注重文化。区别于国内企业以业绩为导向的企业文化，百思买更强调依靠个性的服务来赢得回头客，这种不紧不慢的心态，使百思买最终在竞争惨烈的中国家电连锁市场成为失意者。

二是各种资源被分散使用。在战略布局上，百思买不想放弃已经习惯设置引以为傲的业务模式，并幻想将更多的五星电器改造成"百思买"，这就造成了各种资源被分散使用。

三是开店布局失策。与百思买千方百计地往布满对手"店群"的核心商圈里挤不同的是，苏宁电器仅仅将 10% 的开店计划留给上海市区，更多考虑在城郊开店。业内的共识是，在一个成熟商圈开店，来得越晚，成本越高。

结果是开店越多，运营成本不但没被摊薄，反而加重。

回顾上述巨头曾经的辉煌，观望其当下的转型维艰，其发展路径足以给人以思考与警示。在这里，一个曾经的万能的公式似乎已经不适用了。

曾经，我们一度认为，只要一个企业能够拥有极高含金量的品牌、大批忠实粉丝、坚实的专利储备、优秀的技术人才就可以基业长青，就能够所向披靡，将成为核心竞争力优势。从这些巨头的没落我们也可以看出，品牌、粉丝、专利、技术、人才是成就伟业不可或缺的基石，但却不能保你基业长青。在这个竞争异常激烈的市场中，要活得久一点，还需要时刻把握住行业大势，做出正确的战略选择，打破自娱自乐的裹足不前，精简产品线，专注精品和潜力市场，努力破除工程师思维，发力用户体验，在软硬件结合上下功夫，才能在这个竞争激烈的市场中活得更长久一些。

制造大国不会成为品牌强国

2010 年，中国超过了美国成为全球制造业第一大国。目前，在世界 500 种主要工业品中，中国有 220 种产品产量位居全球第一位。如果我们要把中国排名第一的所有工业品都罗列出来，那将是让人眼花缭乱的一大串名单。比如，生铁产量排名世界第一，煤炭产量排名世界第一，粗钢产量排名世界第一，造船完工量排名世界第一，水泥产量排名世界第一，电解铝产量排名世界第一，化肥产量排名世界第一，化纤产业排名世界第一，汽车制造排名世界第一，彩电产量排名世界第一，手机产量排名世界第一，集成电路产量排名世界第一，黄金产量排名世界第一，鞋产量排名世界第一，电冰箱产量排名世界第一，空调产量排名世界第一，摩托车产量排名世界第一，中国还是世界第一大家具出口国，世界第一产磷国，世界第一大钢琴产销国，世界第一产粮国，世界第一产肉国……

毫无疑问，中国已成为世界上最大的制造业大国之一，被誉为"世界工厂"。或许在某种意义上有肯定的作用，但是就目前情况而言，"制造大国"已经不是什么美誉了，它的背后是低廉的劳动成本，更深刻的问题是，"制造大国"不等同于"品牌强国"，也不能直接晋级为"品牌强国"。

中国虽然成为世界贸易第一大国，但是在全球范围看，中国品牌还处于低层次阶段。当今世界，品牌已经成为衡量任何一个国家综合实力强弱的重要标准。我们说美国强大，除了军事力量的强大之外，一定是因为美国有全球顶级品牌，有风靡全球富可敌国的苹果，有哪里办公哪里就有的微软，英特尔等；我们说德国经济强大，是因为它有跑在全球的奔驰、宝马；我们说法国经济实力不凡，是因为法国的 LV、香奈儿让全球时尚人士痴恋，顶级红酒拉菲更让精英人士迷醉。

品牌是一个国家的最宝贵的财富。品牌是有形财富，可以用真金白银等硬通货衡量；品牌是无形财富，凝聚着它的消费者的青睐、偏心和钟爱。品牌已经不再是早期的表面的"灼烧烙印"，而是消费者心智中的"情感烙印"。

2016 年初，李克强总理在参加一个有关钢铁煤炭行业产能过剩的座谈会时，他举例说，中国至今不能生产模具钢，比如圆珠笔的"圆珠"都需要进口。圆珠笔的圆珠也就是一种小钢珠，1895 年圆珠笔就已经被发明了，并不是什么高端机密技术。中国高铁、大飞机、J－20，甚至原子弹都造得出来！"圆珠"多大点事，为啥我们却造不出来？

三千多家制笔企业、二十余万从业人口、年产圆珠笔四百多亿支……中国已经成为当之无愧的制笔大国，但一连串值得骄傲的数字背后，却是核心技术和材料高度依赖进口、劣质假冒产品泛滥的尴尬局面，大量的圆珠笔笔头的"球珠"却需要进口。作为世界制造业大国，为何我们却无法实现一个小小零件的完全自主研发和生产？"圆珠笔之问"更是"中国制造业之问"。可见，小笔头折射出了中国的制造困局。

至于为什么要从制造大国走向品牌强国，我们认为有以下几方面原因：

首先，以资源能源消耗的经济模式走到尽头。由于缺乏自主品牌，中国企业的产品在国际市场上卖不出价格，拥有强大的制造能力却没有较高的增值盈利能力。规模巨大的中国制造，实际上是以极大的资源消耗和环境恶化为代价，获取微不足道的加工费。中国每年生产和消耗了全球30%的煤炭、40%的水泥、30%的钢铁、15%的木材、13%的电力、8%的石油，但经济总量只占世界的3%。

其次，中国产业不能永远"吃糠咽菜"。中国市场已成为国际市场的一部分，当我们以GDP为导向，津津乐道满足于成为"制造大国"时，当我们满足于劳动密集型的比较优势时，"中国制造"在国际分工中已沦为第三级（美国垄断标准和规则、日本垄断技术、中国从事加工）。当我们用所谓的劳动密集型廉价劳动力（且不论是否真廉价），在国际市场上动不动遭到人家反倾销的制裁时，其实我们并没有计算上破坏生态，牺牲环境和劳工的生命安全的高额代价。

最后，中华民族属于创造力极强的民族，推进品牌战略是中国的唯一选择。因为在今天的财富流变中，包括品牌在内的自主知识产权已经成为创造财富的源头和主体。品牌意味着市场权利，谁拥有品牌，谁就是标准和规则的制定者；谁拥有品牌，谁就说了算；谁拥有品牌，谁就可获得巨大红利。而品牌强国则需要"中国智造"。所谓"智造"，即以新的制造技术支持、新的管理方式和新的生产方式进行制造，从"中国制造数量大国"步入"中国制造技术品牌强国"，要求必须进行智慧创造，做好中国制造，这可是亿万人期待的中国梦。

谁无视趋势，谁就要被淘汰

我们正处于一个变革的时代，变革是主旋律，新的科技革命正悄然地改变着人们的生活和工作方式，互联网正颠覆性地冲击着各行各业的生存命脉，产业变革在所难免。

一般说来，互联网影响传统行业的特点有两个方面：一是打破信息的不对称性格局，竭尽所能透明一切信息；二是对产生的大数据进行整合利用，使得资源利用最大化。科技、信息、互联网的快速发展，如同架起了一座可以畅通于任何行业和企业的桥梁，使得各个行业相互融合、相互渗透。苹果公司以电脑起家，却兴盛于智能手机，如今又延伸到手表行业。以搜索引擎起家的谷歌，却在全球搜索市场拥有巨大的优势；它又是一家广告公司，在广告市场也同样有着绝对的优势；目前其业务已延伸到了可穿戴设备、无人驾驶汽车、手机等领域。

这样看来，我们正处在一个瞬息万变的环境里，各种新型企业组织的涌现打破了过去的竞争法则，企业的界限已被彻底突破，企业的发展再也无法遵循传统规则。传统的企业竞争要追求企业定位，只有定位准确，产品才能抢占人们的心智，企业才能在商战中胜出。而今天，这一逻辑显然已经失灵，企业连自己的界限都很难划分清楚，更遑论定位。

过去，做企业要强调专注，讲究谨慎延伸。对于那些传统的企业而言，专注或许是保持企业竞争力的好方法，而在今天的新商业环境之下，未来有着太大的不确定性和未知性，过度专注甚至可能将企业推向万丈深渊。那些轰然倒下的巨头，如诺基亚、柯达等，就是因为太过于沉湎于自己的界内优势，没有及时把目光转向界外，从而未能进行及时转型的结果。之所以"不识庐山真面目"，或许是因为"只缘身先在此山中"吧。

纽约理工大学商学院院长刘贤方说过："历史上一些革命性的技术进步，大多来自于极少数天才人物的创新。可是，一个行业，随着发展，逐步迈入成熟期后，重大的技术发明也就越来越鲜见，因为技术和产品都很完善了，且因为前人的无数努力，几乎所有可以挖潜力的新路子都已被探索过，再要创新也难。那么，重大突破往往产生于跨行业的整合——或在技术，或者其他资源。"

有市场就有竞争。可以说，过去的竞争对手对市场是蚕食，而今天竞争对手的竞争可能是颠覆式和破坏式的。在竞争残酷的今天，那些新型的企业组织在新兴的领域中如同"黑洞"，所有的管理理论和战略指导都失去了作用。细分市场理论、定位理论、迈克尔·波特的战略理论，统统失效了。定位理论的应用，是在一个经济尚不饱和的环境里。随着商品的"泛滥"，市场细分"过度"，顾客选择将会"失衡"，顾客在选择产品时会更难识别，细分市场和定位理论将会失去意义。

小米手机从新品上市到市值100亿元只用了一年的时间，我们无法分析它的定位是什么，我们在传统的营销渠道更看不到它的踪影，我们也没有看到先建样板市场、再循序渐进的传统竞争模式。也就是说，小米的成长几乎是爆发式的。

导航仪作为路线指引必备的物品，曾经大受驾驶者们的喜欢，在任何环境下，它都能够自动生成路线，为指引驾驶者进行导航服务。随着行业内企业的不断繁衍，导航仪市场竞争越来越激烈，企业为了博得市场，不得已进行价格竞争，致使利润急剧下降。正当行业内企业焦头烂额，为使产品越来越美观、形状越来越小巧、容纳的信息量越来越多，而不断地寻求竞争方案之时，导航仪市场却遭遇了竞争"黑洞"——猛然间，智能手机出现了。在智能手机上，驾驶者不用花费任何代价就可以下载一款免费的地图，而且可以通过这款地图进行导航应用。从第一款导航仪出现到销售 300 万台，用了整整 10 年时间。而谷歌针对苹果手机推出的新版地图，其下载量达到 1000 万时仅仅用了 48 小时。智能手机上的谷歌地图拥有 GPS 集成、实时交通状况、搜索、通讯录以及电子邮件服务，最重要的是它能贴近人们的日常生活应用，帮助人们搜索宾馆、饭店，并直接获取导航指引。无论是步行、乘坐公共交通工具，还是驾驶，都可以给到最佳路线。谷歌地图利用云计算等功能，还可以进行实时更新、储存数据，并不会占用智能手机的任何空间。

乔布斯的去世，像极了一颗恒星的死亡，你难以想象他最后聚积的能量是如此庞大，瞬间席卷了世界，甚至连从未使用过苹果产品的人也不禁深深被苹果的产品和理念所折服。

如果你了解苹果公司，不禁会想的问题就是苹果公司的成功秘诀到底是什么？iMac 系列电脑衍变的依据是什么？iPod，iPhone，iPad 这些产品诞生的理由是什么？苹果产品 30 年来究竟在向着什么方向发展？其实，贯穿这些问题的答案只有一个——将用户体验推向极致！

毫无疑问，我们已经进入了用户体验时代，市场已经开始向新时代倾斜。谁无视这个趋势，谁就要被市场所淘汰。

走出品牌没落误区

毫无疑问，中国品牌的英年早逝，盛名下的猝死，无不给人们留下太多的遗憾、痛心和反思；而那些曾经如日中天的国际品牌巨头，渐趋倒塌的残酷现实也让人们不胜唏嘘、无限感慨。

按照传统观念，品牌的创建不是一朝一夕的事，而是一项旷日持久的系统工程，所谓的维牌、保牌、固牌自然也是一项复杂而严峻的工程。但是，时代已经发生重大变化，仍然固守陈旧的品牌观念，恐怕并不能走出品牌没落的误区。河水在奔流，船只在行走，还在玩刻舟求剑的把戏，显然已经于事无补。

我们不想选择那些老品牌的没落来说事，因为按照事物有出现就有消亡的自然规律，那些完全可以理解，毕竟再长寿的人也有告别人世的那一天。我们不妨来看看随着时代发展而涌现出来的大品牌没落，从中或许能够让我们有所思考，有所借鉴。

先来看世界品牌，我们选取黑莓手机和诺基亚为例。

黑莓手机是加拿大的一家手提无线通信设备品牌，于 1999 年成立。其特色是支持推动式电子邮件、移动电话、互联网传真等服务，一度曾是"高富帅"的身份代表。裁员、重组、高管出逃、股价大跌、份额下降、市值缩水，出售公司，谁也没有料想到 RIM（黑莓手机的制造商）的今天会是如此狼狈，彼时高达 148 元美元的股价让它跃上了荣耀巅峰，如今的 RIM 花枯叶落，几乎走到了"生命"的尽头，"陨落"之势已无法阻挡。而当黑莓还沉浸在自己的巨人王国不能自拔之时，苹果正在用多媒体娱乐终端改变着智能手机的游戏规则，而当黑莓如梦初醒时，猛然发现老大地位已经易主。那么，是什么导致了昔日的王者沦落为如此境地？

一是故步自封。黑莓的陨落与苹果 iPhone 的问世不无关系，iPhone 的问世使智能手机进入了触摸屏时代，这对于钟爱物理键盘的黑莓来讲只是没落的开始，对苹果的设计理念并不认同甚至挖苦讽刺并没有阻碍苹果成功的事实。

在随后到来的移动互联网时代，RIM 所强调的依然是其强大的安全性和封闭性，而这也是导致其衰落的重要原因，封闭给应用开发商带来了诸多不利因素，从而导致 RIM 在应用软件开发领域缺乏吸引力。

二是市场节奏把握不稳。对于黑莓来讲，新产品的发布总显得有些不合时宜，RIM 的智能手机没有按照当初所宣传的预期发布，而其平板电脑 Play-Book 又显得有些操之过急，似乎在新产品发布这件事上黑莓总是显得有些跟不上节奏。

三是忧患意识淡薄。没有意识到时代的变化和竞争对手的厉害。

再来看诺基亚。在诺基亚最巅峰的 1999 年，公司市值超过 2700 亿美元，然而在 iPhone 推出的 5 年里，其市值缩水了近九成，如今仅剩下 100 多亿元。按照诺基亚历年财报中提到的中国部分测算，目前中国消费者中使用诺基亚品牌的仍然是一个辉煌的数字。但在这辉煌的数字背后，诺基亚近些年的日子却不太好过。那么，诺基亚没落的原因有哪些呢？

一是市场反应迟缓。作为诺基亚十多年来的老对手，摩托罗拉似乎一直处在下风。但反观摩托罗拉的历史，2004 年的 RAZRV3，还有近年来的 Android 智能机 Milestone，两波"高潮"发生时，市场反应均能超过同期内的诺基亚手机。

二是忽视 iPhone 的威胁。苹果第一代 iPhone 一经推出就轰动了市场，并挑战了用户对于智能机的预期。尽管如此，iPhone 并未立即引起业内每一个人的注意，很多人还满足于诺基亚塞班、Windows Mobile、Palm OS 等老式的平台。诺基亚更是无视 iPhone 所带来的潜在威胁，其当时还是智能机市场无可争议的领导者。当被问及 iPhone 时，诺基亚高管常常拿业界第一说事。随着 iPhone 的降价，诺基亚的市场份额也开始逐渐被侵蚀。

三是死磕塞班，墨守成规。

四是缺乏创新。

下面，再让我们来看看中国品牌的嬗变。

据外媒称，中国的最顶尖品牌不再是国有企业了，也不是电子商务巨头阿里巴巴集团，而是科技公司腾讯控股。

报道称，中国国有企业长期以来在中国的顶尖公司榜单上占据着主导地位。在 2010 年，这份报告排出的前 50 大中国品牌中，国有企业占据了 1/3，而且估计占到了这 50 强共计 2800 亿美元品牌价值的 70% ~ 75%。

如今情况不同了。过去一年中国政府努力推进私营部门改革，表示必须增强市场在资源配置中的决定作用。这样，阿里巴巴去年上市也推动市场导向型品牌价值大增。科技品牌首次超越金融机构，成为排名中最具价值的领域，贡献了 100 强榜单中的 23%。搜索引擎巨头百度公司排名第五，居中国移动和工商银行之后。腾讯在全球科技领先品牌中排名第五。谷歌排名第一，品牌价值 1588 亿美元；苹果公司排名第二，然后是国际商业机器公司（IBM）和微软。不过，尽管有着阿里巴巴创纪录的上市交易以及腾讯的各种成功，中国品牌尚未获得全球认可。2014 年接受调查的海外消费者中，仅 22% 的消费者能认出一种中国品牌，略高于 2012 年的 20%。中国品牌需澄清自身代表定位，需确保满足海外消费者的需求，这样才能获得更多认可。

第二章 用户第一：卖什么？用户说了算

"用户第一"强调的是卖什么产品及产品的真实价值究竟值不值，要让用户说了算。基于这一理念，品牌要能够进入消费者的心智，企业要正视互联网时代表现为价值导向的社会化营销，增强变革时代的品牌悟性并积极创新，以提升产品质量来塑造品牌形象，通过占位消费者的心智来建立良好的认知并影响消费者的行为。另外，企业要练好"内功"，咬紧牙关抓创新、抓投入，先做好，再做大，做大之后才能做强。

在传统企业生产中，管理者往往高度重视技术工艺、生产成本，形成了以产品为中心、以降低生产成本为重心的管理理念。而"用户第一"强调的是，卖什么产品及产品的真实价值究竟值不值，要让用户说了算。

基于这一理念，品牌要能够进入消费者的心智，企业要正视互联网时代表现为价值导向的社会化营销，增强变革时代的品牌悟性并积极创新，以提升产品质量来塑造品牌形象，通过占领消费者的心智来建立好的认知并影响消费者的行为。一句话，用户需要什么样的产品，就要生产对应的产品，让用户说了算。

进入消费者的心智

随着社会商业的迅猛发展，尤其是互联网的崛起，人类的消费特征正逐渐从传统的以满足物质需求为主导的"身时代"，转向现代的以满足精神、心灵需求为主导的"心时代"。这种转化过程，实质就是消费者选择对象由实体产品转向附着在产品上的品牌，进而转向游离于产品之外并具有自身价值主张的品牌的演变过程。

作为消费文化"心时代"，消费者选择产品的依据是品牌，而选择品牌的依据是占据消费者心灵深处的"心智"，即消费者内心对能够反映自身价值观或个性的消费品的认知。消费者对消费品的认知是有限的，一个消费者只能记得同一类产品中的几个品牌，同时，它又能作用于消费者的购买行为，会产生相应的价值。这种稀缺性与价值性使它成为一种特殊的资源——消费者"心智资源"。

品牌如何揣度消费者的内心？企业如果想长久地占领消费者的心智，与其进行情感上的沟通最重要不过了。就好像谈恋爱，爱一个人永远没有懂一个人重要，读懂你的消费者才是品牌战争中制胜的王道。

品牌经济时代，所有的关注焦点都集中到了消费者身上。消费者成为市场中真正的上帝，然而上帝们的内心却难以揣度。

有研究者发现，在市场营销活动的实际执行过程中，市场现状与调研结果往往大相径庭。消费者表述的消费理念与实际消费行为相背离，这使得企业精心制定的商品或服务的整体决策出现严重偏差，企业本想与消费者先期进行沟通以便了解其需求，实际上却被错误信息误导而造成在市场竞争中处于尴尬的境地。因此首先洞察消费者内心真实的需求，才是企业制定、采取市场行动的基础和前提。

细分起来，隐藏于消费者内心的对品牌的认知可以分为三个层次。

第一个层次，品牌是个符号。消费者最初接触到的是品牌形象，这种形象越有个性和特点越好。比如消费者来到麦当劳就餐时，无论店外或店内但凡人眼所及之处——点餐台、各种食品包装或员工制服、玩具上都清晰、醒目地印着黄色"M"符号。在消费者心中当想到或谈及麦当劳时，头脑中自然第一个就会想到它的形象符号"M"；当我们看到两个 C 字母背对交叉在一起的标志就知道是 Chanel——香奈儿，无论在多么混乱的环境中，一眼就能看出这个象征时尚、优雅的标志。

第二个层次，品牌的联想。品牌所代表的是消费者所认知和赞同的某种价值观和心理认同的情感趋向。品牌是连接企业和消费者情感的纽带，对于竞争对手又是无形但具有杀伤力的有力武器。每个品牌都应该有与众不同的品牌内涵以及它所带给消费者的情感认同和偏好，使消费者在享受商品的同时还能感受到品牌所赋予的情感价值的体验。当你在喝"可口可乐"的时候，并不只是单纯地去喝一种深色液体的碳酸饮料，那样的话喝什么饮料不是喝呢！但只有"可口可乐"最能代表美国。

在第二次世界大战中，可口可乐成为能让美国大兵摆脱孤独和苦恼，稳定军心、提高士气的军需品。艾森豪威尔在北非指挥大军远征西西里岛之前，给美军参谋长联席会议主席马歇尔发出的一份急电要求道："本军现行要求300 万瓶可口可乐，以及每月可以生产两倍数量的完整装瓶、清洗封盖设备，请提供护航。"

第三个层次，潜意识。潜意识是消费者内心对品牌深层次的真实想法，也是在做消费者调研时最核心的部分。消费者在消费过程中不但追求生理的需求和满足，更多的是在追求心理上的需求，追求一种感觉、自身价值的认同。只有品牌才能赋予消费者需求被认同的心理满足。这一点星巴克做得就比较不错，星巴克咖啡在中国卖的就是一种时尚的感觉。时代华纳董事长Gerald Levin 曾说，判断城市进步的指标就要看它是否拥有星巴克。或者可以这样说，品牌的魅力在于，你是否能够进入消费者的心智，从而成功地、鲜明地聚集起成规模的需求，这些消费者追随你的品牌如同战士追随将军，如同信徒追随教皇。如果你确信你能做到这两点，一是在属于你的消费者群体中建立牢固的品牌忠诚，二是利用这种忠诚聚集足够大的群体而形成规模，那么，你就可以肯定成批生产的产品在贴上了某个具有"魔力"的标签之后，就能够被某一类消费者接受。这样，企业就具备了持续发展的最可靠动力。

事实上，当消费者有某种需求的时候，首先想到的是品牌而不是某公司，当我们想到去头屑的时候我们想到的是海飞丝而不是宝洁，我们选择的是奔驰而不是德国戴姆勒汽车集团。所以品牌才会浮现脑海中，因为品牌相对公司名来说简单，这也就应对了定位里面所说的简单更容易进入心智。品牌是代表公司在市场上竞争，品牌的消失即代表运营团队的消失，组织运营的成果就是让自己的品牌纳入消费者的选择范围。

可以肯定，商业战斗是在顾客的心智中打响的。你必须让你的品牌进入战场并占据一个有价值的位置。中国不乏聪明的企业家，但我们希望中国能有更多智慧的企业家。小成于术，大成于道。正如迈克尔·波特所说，在全球化背景下，竞争的洪流得到释放，当今竞争激烈的程度已远非数十年前可比。传统的战略与营销方式已不能适应当今企业竞争的需要，从战术发展出战略的定位方法论，才是在新时代克敌制胜的锁钥，中国优秀企业与中国优秀品牌，必将以此来主导未来的竞争格局。

社会化营销：互联网导出一个时代拐点

从农耕时代到工业时代再到信息时代，技术力量不断推动人类创造新的世界。互联网，正以改变一切的力量，在全球范围掀起一场影响人类所有层面的深刻变革，人类正站在一个新时代到来的前沿。

互联网技术在短短二十多年的商业化浪潮中，以前所未有的速度谱写着改变世界的产业传奇和创业人生。随着互联网技术发展的成熟以及联网成本的低廉，互联网好比是一种"万能胶"，将企业、团体、组织以及个人跨时空联结在一起，使得他们之间信息的交换变得"唾手可得"。

市场营销中最重要也最本质的是组织和个人之间进行信息传播和交换。如果没有信息交换，那么交易也就是无本之源。正因如此，互联网具有营销所要求的某些特性，使得网络营销呈现出独有的特点。

营销的最终目的是占有市场份额，由于互联网能够超越时间约束和空间限制进行信息交换，使得营销脱离时空限制进行交易变成可能，企业有了更多时间和更大的空间进行营销，可每周7天，每天24小时随时随地的提供全球性营销服务。

互联网被设计成可以传输多种媒体的信息，如文字、声音、图像等信息，使得为达成交易进行的信息交换能以多种形式存在和交换，可以充分发挥营销人员的创造性和能动性。

互联网通过展示商品图像，商品信息资料库提供有关的查询，来实现供需互动与双向沟通。还可以进行产品测试与消费者满意调查等活动。互联网为产品联合设计、商品信息发布以及各项技术服务提供最佳工具。

互联网上的促销是一对一的、理性的、消费者主导的、非强迫性的、循序渐进式的，而且是一种低成本与人性化的促销，避免推销员强势推销的干扰，并通过信息提供与交互式交谈，与消费者建立长期良好的关系。

互联网使用者数量快速成长并遍及全球，使用者多属年轻、中产阶级、高教育水准，由于这部分群体购买力强而且具有很强的市场影响力，因此是一项极具开发潜力的市场渠道。互联网上的营销可由商品信息、收款至售后服务一气呵成，因此也是一种全程的营销渠道。同时，随着智能移动设备的不断增多以及无线网络的不断发展，移动互联网正以前所未有的速度快速发展。而社会化营销，早在之前的互联网时代便已经初现端倪，到了移动互联网时代，又被赋予了新的意义。所以说，正是互联网和移动互联网的出现，导出了一个商业社会化营销的时代转折点。

所谓的社会化营销，就是利用社会化网络、在线社区、博客、百科等社交媒体来传播和发布资讯，从而形成的营销、销售、公共关系处理和客户关系服务维护及开拓的一种方式。商家可以利用社交媒体的分享和共享功能，通过病毒式传播的手段，让你的产品被众多的人知道。

社交媒体是互联网时代的产物，它彻底改变了原本的营销环境，促使营销向价值导向发展。我们可以从技术、商业思维和人文情怀三个方面来探寻这种变化的踪迹。

一是互联网新技术重塑营销面貌。在科技方面，信息交互方式的变革改变了人与人的沟通方式，也重塑了这个时代的营销价值。具体而言，移动互联网作为一个"现实扭曲力"超强的黑洞型工具，带来了一个全新的消费者沟通平台。

无论是社交媒体还是自媒体，这个平台将过去营销链条上的大部分环节都吸附到了该平台上，既有产品展示、广告媒介、渠道销售，又有客户关系管理和服务，这使得品牌价值传递的路径大大变短，不再需要像上个时代，通过"广告"走一个迂回的反射弧。移动互联网减少了产品触达用户的中介环节，触达成本和时间也大大降低。现在，用户对品牌、产品是不是真正有价值具备了更高、更快、更强的鉴别和传播能力，产品和品牌是不是有独特价值比过去更加重要。

二是促进了商业思维的演进。从对营销发展有重大推动力的定位理论来看，该理论强调，要以差异化的姿态进入用户心智，如果某品牌已占据了用户心智，其他品牌期望采用同样定位进入用户心智的举动就不会成功。定位理论强调企业选择每一种战略都必须紧盯对手，"通过走到对手的对立面来定位"。百事可乐、宝马汽车，乃至该理论经常谈及的啤酒、汉堡、牙膏行业，普遍采取了这种差异化的定位竞争策略。高度重视竞争对手是定位理论的显著特征。纵观同一时期，无论是 SWOT 分析还是五力模型，竞争似乎就是一条不言自明的真理，被普遍性地置于这些理论的背景之下。

然而，进入互联网尤其是移动互联网时代，情况开始变得不同，今天如果我们想要对竞争思维提出一些反证，那就可以多看看像星巴克、无印良品、耐克、苹果、特斯拉、谷歌、Facebook 这类品牌崛起的故事。其中一些品牌虽然不是诞生于移动互联网时代，但到了这个时期，它们反而比过去更成功了。事实上，这些品牌大部分是"品类"而非"品牌"的开创者，在它们之前，类似的产品和商业模式几乎没有，它们的成功并非来自于同竞争对手的对标、定位，而更多地来自于对自我价值的探索与发现。

星巴克 CEO 霍华德·舒尔茨早年赴意大利，收获了对其一生至关重要的价值发现——在意大利，人们不仅喜欢喝咖啡，更享受咖啡馆里的氛围和与之相伴的亲密社交。据此，星巴克逐渐形成了"第三空间"这一核心价值理念并借此崛起。

无印良品是另一个例子。该品牌由最初提供价廉物美的日常用品，逐渐升华为通过生活哲学、设计理念、美学主张，来创造和推广一种新生活方式。无印良品设计顾问原研哉在《设计中的设计》中曾这样描述："无印良品追求的不是'这样好'，而是'这样就好'。它将价值赋予可接受的质量：一种倡导以理性的视角来使用资源的哲学。"这是该品牌的价值发现。

星巴克、无印良品的成功在于以不一样的价值发现制造了新产品并开创了新品类。在这些案例背后，我们看到了在商业思维的演进中，越来越清晰的价值探索思维。

三是人文因素推动。菲利普·科特勒在《营销革命3.0》中谈道："现在营销者不再把顾客视为消费的人，而是把他们看作具有独立思想、心灵和精神的完整的人类个体。如今消费者正越来越关注内心感到焦虑的问题，在混乱嘈杂的商业世界中，他们努力寻找那些具有使命感、愿景规划和价值观的企业，希望这些企业能够满足自己对社会、经济和环境等问题的深刻内心需求。"这表明，消费者今天的确越来越重视一个品牌向他们交付的价值，并且，这种价值已不限于过去的功能价值，更包括了是否有独特的情感价值和精神价值。

总之，面对互联网导出的社会化营销转折点，企业能否取得独特的价值发现，为目标用户创造出他们真正认可的价值、价值组合（功能、体验、情感），并选择表里如一的、最有效率的方式来传递和延伸其价值，就是对移动互联网时代营销的最好概括。

时代已变，品牌还在原地发呆

新媒体层出不穷，新消费人群逐渐成为主流消费群体，移动互联网已经使人们之间的距离和沟通方式发生了巨大的转变。事实上，创新已然成为这个时代经济发展的核心动力，从来没有一个时代这么需要创新，各种新兴技术和互联网的高速发展，培育了大量的创新土壤，创造了大量的创新需求，不创新就是对于新生代消费群的漠视。在这个变化的时代，品牌如果没有悟性，还在原地发呆，只能放弃或毁灭自己的将来！

我们不妨以家电品牌为例。比如国产老家电品牌，包括水仙洗衣机、菊花电扇、牡丹电视机、熊猫彩电、黄山彩电、西湖电视、长城电扇、北京彩电等，曾经风光一时，但这些老品牌大多是计划经济时代的产物，当家电市场逐渐开放的时候，旧的企业机制令其没法和市场机制运作发育强大的品牌进行竞争，只有被市场淘汰。虽然也有一些品牌与外资合作，但往往效果欠佳，甚至更快走向品牌灭亡。而留下来的品牌大多没能延续曾经的辉煌，包括春兰、万宝等，被挤出主流圈，沦为二三线品牌，甚至成为区域性品牌。

再比如外资品牌。在过去相当一段时间内，外资家电品牌在广大消费者的心目中，就是高档、先进和昂贵的代名词，它们占据了商场里电器专柜最显眼的位置，即便价格高出国产品牌同样产品一大截，人们都还是以能够拥有这些外资品牌的家电产品为荣。不是夸张，在一些地方，结婚时女方的嫁妆里若是有松下的电视或是西门子的冰箱，是极有面子的，一些"70后"、"80后"的消费者至今还能回忆起伊莱克斯那条语调上扬的电视广告语。

这些曾经倍受欢迎且相当强势的外资品牌，近十年来也遭遇了"风光不再"的问题。这主要与全球产业格局的变化有关，家电制造的重心由西向东转移，随之而来的是飞利浦、GE 等欧美大牌逐渐淡出家电制造领域，将产业重心转向了其他领域。至于惠而浦、伊莱克斯等在其他市场表现还可以的外资品牌，在中国市场却难敌日韩及本土品牌。惠而浦"委身"渠道商苏宁，在 2008 年达成空调、洗衣机等产品的定制包销合作，2013 年惠而浦还通过苏宁引入空气净化器、烤箱、微波炉等高端生活电器产品。此前战略一直摇摆不定、不断换帅的伊莱克斯，也在 2011 年与国美电器签署为期 5 年的战略合作伙伴协议。

不仅如此，最近这几年，日本家电品牌步欧美品牌后尘，竞争力不断下滑的趋势日益明显，这固然与日本经济政治环境有关，也与日本家电企业在面对新的市场环境的反应速度缓慢、态度傲慢有关。相比之下，韩国品牌以及国产品牌的快速反应能力和低价亲民策略就显出明显优势来，逐渐占据更多的市场份额，这点在智能电视方面表现得尤其突出。

但这并不是说中韩品牌就可以"没事偷着乐"，相信未来被列入"风光不再"名单的品牌还会增加，家电行业不断发展向前的过程，本就是一个不断洗牌的过程，二十年前动辄数十甚至上百个品牌，到现在每个品类真正有竞争力的品牌绝不超过十个。随着家电普及度的提升，家电市场竞争将更加激烈，强者恒强，行业洗牌进一步加剧。

时代车轮滚滚前进，人们的消费习惯也在发生着变化。人们曾经认为一些经典品牌、企业和产品将长盛不衰，但现在它们都深陷困境。这种命运的转变部分可归因于"80 后"、"90 后"有着不同的品位和价值观，但抛弃这些品牌的并非只有他们这一两代人。随着社交媒体的兴起，如果一款产品呈现衰微之势或是跟不上时代潮流，这个消息很快就会传遍全国乃至全世界。

就连麦当劳这样举世闻名的大品牌，都面临着实实在在的困境。麦当劳的销售额下跌幅度超过了预期，该公司已宣布将关闭分布在日本、美国和中国的 350 家业绩不佳的门店。除此之外，麦当劳还面临着一系列其他困境。

至于麦当劳近年的生意何以如此惨淡，一个被经常提及的原因是，麦当劳的顾客们正在涌向他们认为更健康的快餐连锁品牌（比如 Chipotle）。除此之外，近年来市场上涌现了一批高端的汉堡连锁店，如 Shake Shack、Five Guys 和 Smashburger 等。不过现在看来，麦当劳的平价策略正在产生对经营不利的效果。

为了获得"80 后"、"90 后"的青睐，麦当劳尝试了不少办法。比如在 2015 年 1 月，为了回应其销售额 12 年来首次下降这一局势，麦当劳推出了"全天早餐"，并于 3 月 24 日在全美 24 个城市开展了持续 24 小时的"欢乐日"活动。麦当劳也承认，该公司"亟须追随消费者的口味变化"。在澳大利亚，麦当劳试验性地开了一家名叫"悉尼之角"的新潮咖啡厅，同时开始在墨尔本提供定制的精美汉堡。该公司最近还公布了其扭转计划的一些细节，不过都没有打动投资人。

你看，哪怕是如雷贯耳的品牌，也会不断有人想把你从消费者的脑海里、从市场上、从超市的货架上挤出去，只要你停止对抗，停止努力，你就会慢慢地被人取代。你攻下了市场这个城堡，但并不意味着这个城堡永远属于你。品牌不是一锤子买卖，企业必须不断与消费者打交道，交朋友，不断地努力，你才会一直有机会。

时代在进步，品牌不求创新，跟不上趟，这是一件非常严峻的事。许多企业问：品牌没变，营销格局没变，但为什么十年后的形势与十年前全然不同？因为时代在进步，消费者的要求越来越新越高，你的品牌表现必须随之更新。面对变革的时代，品牌如果缺乏进步的勇气，固守昔日的荣耀，不去通过创新来重塑品牌及品牌影响力，被淘汰出局就只是时间问题！

创意是品牌重点之一，但并非唯一

随着物质生活的进步，人们开始追求精神生活的满足，消费者购买产品的诱因已经由原来的产品质量，产品特性转化为更高层次、更复杂多变的品牌体验上，其中包括品牌认知、品牌理念、品牌文化、品牌创意等，消费者对品牌创意的要求往往是新鲜的、玩味的、明确的、深刻的，因此品牌创意是生产商与消费者沟通互动的桥梁。

创意的优劣能直接引起消费者和目标群体的共鸣或反感，好的创意能为品牌直接加分，品牌创意潜移默化地影响着人们的消费观念和生活方式，品牌创意往往深刻地烙印在人们的大脑意识中，从而转化为有形的商业价值。因此品牌创意开始受到重视，也有人预言创意文化是品牌向上跃升，与成熟品牌齐头并进的契机。创意已成为企业发展最重要的资本，欧洲国家现今有60%的经济成长来自于服务业经济，美国甚至有40%的新商业机会来自于创意，创意的时代已经悄然来临，创意产业俨然成为主流发展趋势。

品牌创意的可贵，就在于其不只是缔造品牌文化，更展示了品牌的精神世界，使品牌的潜能得以发挥，打开了消费者不同的心智模式，丰富无穷的想象空间。

成功品牌的创意总能出奇制胜，层出不穷，而且能够带动产品迅速造势，并且掌控市场。成功的品牌有充分的创意空间，比如说创意的预算充足，品牌创意意识强，创意任务明确，目标受众清晰等特点。

随着产品周期的越缩越短，创新已成为企业必备的能力。作为一个新世纪的成功品牌，不仅应该有生产的能力，管理的能力，还要有了解消费需求，打动和启发消费者的能力。因此，提升品牌的创意发挥，运作好品牌创意管理，就成为成功品牌营运的要因。

品牌创意要深入全面了解消费者、市场、渠道，通过对消费习惯、价值取向、文化背景、沟通方式等的调查分析，从产品本身、顾客服务、质量体系、形象传达等方面的系统分析，为产品品牌传播建立标准体系，树立产品品牌在消费者心目中的良好形象，通过品牌营销创造更多的消费需求。

互联网时代讲用户思维。那么什么是用户思维？我们认为就是体验至上。好的用户体验应该从细节开始，并贯穿于每一个细节，能够让用户有所感知，并且这种感知要超出用户预期，给用户带来惊喜，贯穿品牌与消费者沟通的整个链条。微信新版本对公众账号的折叠处理，就是很典型的"用户体验至上"的表现。

用户思维体系涵盖了最经典的品牌营销的 Who – What – How 模型，Who，目标消费者—"屌丝"；What，消费者需求—兜售参与感；How，怎样实现—全程用户体验至上。

奇虎 360 公司董事长周鸿祎指出，奇虎 360 是试水互联网思维最早的企业之一。2006 年，奇虎 360 开始进入互联网安全领域，到 2010 年初成为中国第一大互联网安全公司，颠覆了传统网络安全的商业模式。而之所以能获得成功，就是因为找准了用户的刚性需求。在互联网发展初期，流氓软件横行，而普通用户对此束手无策，而免费安全的理念出现后，自然获得了广大网民的欢迎，用户量也因此水涨船高，此后奇虎 360 才能建立起基于免费安全的商业模式。

相比互联网企业，传统企业拥有的是客户，而非用户，更缺乏海量的用户基础。周鸿祎认为，传统行业可以在一个小地域划分出一块市场，再把它守住。但在互联网时代，想固守一块市场、一个客户群是非常困难的事情，大成者甚少，失败者居多。因此有很多企业盈利模式特别明确，却由于过早挣钱，反而不能做大。

这就是真正的"用户至上"。周鸿祎说，不要让用户至上成为依据空喊的口号，也不要成为企业通用的标语。用户至上是能否找到真正的刚性需求，有没有魄力为用户少挣两个亿的收入，从而赢得更多用户的肯定，这才是对用户至上最好的诠释。

再一个用户思维的例子就是腾讯微信朋友圈广告。朋友圈投放广告之前，会先选取一部分活跃的种子用户，广告出现在第一批用户的朋友圈，一旦有人点赞或是评论，该广告就会出现在该用户微信好友的朋友圈中，而且在广告的右上角有一个推广的字样，推广右边有个向下的三角，如果你不喜欢就可以点我不喜欢，然后类似的广告就不会出现在你的朋友圈。这就是用户体验最好的案例。

面对互联网社会化营销的时代转折，品牌创意固然重要，而用户思维才是更加重要的原则，因为我们已经真正进入了用户至上的时代。

用户心智认知即品牌事实

品牌研究者曾经提出一个"认知定律"——更好的产品是不存在的，用户认为你好，认为你坏，那就是真正的好坏，好坏只在人心，不在别处。也就是说"认知即事实"，脱离认知谈产品，肯定是本末倒置。我们可以这样说，一切跟定位有关的工作，其本质都是围绕着用户的心智和认知来进行的。

换一句话说，建立品牌的道路上，真正的要害是消费者心智中的已有认知，或者说未建立的认知，而认知和事实往往相隔十万八千里。

很多年前，百事可乐做了一个关于口味测试的广告运动，广告语"来自百事的挑战"。百事做的蒙眼味道测试的结果表明：绝大多数消费者更喜欢百事的味道，而不是可口可乐。可口可乐的管理层决定做出反击——虽然他们的可乐在市场上的销售成绩远远超过对手。可口可乐之所以在盲测中输给百事，是因为它没百事那么甜。

这还不简单吗？可口可乐管理层想。于是他们在原有配方里加了更多糖，并将这个新产品命名为"新可乐"。"这下我们赢定了"，时任总裁的罗伯特自信地这样预测"新可乐"的成功。不成功是没有可能的：可口可乐做了2万次消费者盲测，测试结果证明"新可乐"的口味好过原来的配方，新配方也比百事可乐更好喝。可口可乐公司宣布即将推出"新可乐"，并引起了市场轰动。公司的公关部一度认为"新可乐"的推出获得了价值10亿美元的免费造势。

但事与愿违，媒体为"新可乐"的免费造势并没有为可口可乐公司带来哪怕1分钱的价值。事实上，这些免费造势几乎毁掉了这个品牌。"新可乐"遭到一致抵制，消费者要求恢复原有的配方。两个多月以后，可口可乐才认识到这个错误，并重新推出原有的配方，也就是现在的经典可口可乐。

"新可乐"是一个经过改良的新产品，但不是说好产品就能有好市场吗？在美国大企业的董事会议上，这个问题得到的绝大多数答案是："当然是这样，好产品肯定卖得好，所以为了超过竞争对手，我们不惜花费上百万美元，所以我们只在确信能获取绝对性竞争优势的时候才推出新品。"

可口可乐一向被消费者认为是"真正的可乐"，它那被称为"7X 号商品"的配方一直被尊贵地存放在亚特兰大一家银行的保险箱里。现在居然说要更换配方——这跟推出经过改良的新上帝一样可笑。

说起可乐，我们知道中国的娃哈哈集团也曾经对媒体公布了一个事实：盲测结果显示，该公司推出的非常可乐的受欢迎程度高于可口可乐。遗憾的是这只能是一个"事实"，认知则是：可乐是美国货，中国产的可乐充其量是冒牌货。认知总是战胜事实。

换言之，成为第一总是胜过最好，在潜在顾客心智中先入为主，要比让顾客相信你的产品优于该领域的首创品牌容易得多。所以，要早做！做什么？不是产品，而是进入用户的心智！产品或早或晚，但只要你有办法率先进入用户心智，就有可能成功。

当你的竞争对手已经在顾客心智中拥有一个代名词或定位时，你若再想拥有同一个，必将徒劳无功。如果缺乏一个有"唯一性"的定位，这事儿干脆就不要再做了。所谓用户心智认知即品牌事实，就是既要关注产品，更要关注消费者心智。所以建设品牌的工作和努力，都围绕着争夺这颗心、影响这颗心来进行。

消费者心智，就像大脑空间一样，是有限的，它会天然地抵触、排除掉很多复杂信息。在这个空间内，有一系列的心智"格子"，这里可以放下不同的类，可以不断细分，却很难在一个类下放下太多品牌。心智喜欢专家与领导品牌，因为他们害怕选错、做错；同时，它们对自己认定的"事实"，态度又非常顽固。

由于我们的大脑是根据"类别"来收集信息的，所以以此为基础，你最好能够成为一个独特的品类。因为你要去克服"讨厌混乱的大脑"，所以你需要在别的地方比别人更加专注，因为更加专注可以带来更好的品牌识别度和可见性，更加聚焦有助于你开创出一个对用户而言代表了不同的新品类。

大家知道的一个著名故事：乔布斯重回苹果之后对产品和业务线做了一个极大的聚焦变革。基本上把所有业务划分为一横一纵，即分别针对普通用户和专业用户的桌面电脑和便携式电脑，这么简单。

大量的调研显示，用户从来没有因为缺乏选择而忽视品牌，恰恰相反，大量企业却总觉得需要给用户更多选择，所以创造了很多的产品和产品名。实际上这完全没办法让你在一个混乱的环境当中保持一个清晰的形象。

用户的大脑非常的顽固，一旦建立了对某一件事情的认知，通常是非常难改变的。具体到品牌运作上，则要求我们不要跟消费者头脑中即有的认知、理解抗争，要学会顺势而为。

不是做大做强，而是做好做强

在企业界的圈子里，很多人都在讨论着如何将企业做大做强。因为只有唯大唯强者才能打败竞争者，才能获得更多的市场份额，才能实现更多企业利益。在过去的 30 年中，中国企业走的就是这样的发展道路，用长江商学院项院长的话讲，中国制造业目前的主流思路是成本，成本，再成本，规模大了——产能过剩——价格战——国内血流成河，再找出口——洋人打反击战，再与全世界打贸易战。显然，这种没有商业模式的简单成本"血拼"的发展模式，在本次全球化经济危机中遭遇到巨大冲击，可谓碰壁南墙，不再行得通了。

一些企业家经常探讨有关企业商业模式的问题，国外的什么丰田模式、戴尔模式、麦当劳模式、沃尔玛模式、星巴克模式、亚马逊模式等，国内的海尔模式、联想模式、华为模式、国美模式、格力模式等，孰优孰劣？商业模式确实是企业成长中一个很关键的问题，是一个企业战略层面必须解决的问题。这是一个企业从自然型成长走向商业型社会型成长，从机会性和外生型成长转向内生型发展、走向成熟并稳定发展和走向成功的关键节点和支点。

商业模式在当下的中国企业界是一个热门话题，或许是一个最热门的话题。这或许是因为中国 30 年的"市场化"经济已经走到了这个阶段，也或许是许多中国民营企业发展到了这个阶段，即一个机会主义时代走到尽头的阶段，因此需要寻找新的成长发电机与发展模式。也就是说，那种简单的成本模式或者简单的模式复制已经不行了，现在到了中国企业家们不得不独立思考的时代了，因此有了这种寻找商业模式和寻找商业模式创新的迫切的时代需求了。

与这种找寻商业模式创新的强烈需求形成鲜明对比的是企业家、咨询界和学术界对商业模式的认识存在着很大的误区和盲区，往往都是用强烈的机会主义时代的思维模式看问题、认识和分析商业模式；往往都是很短视或立竿见影的想法；往往都是"术"上的认识，都是手法上或技法上的认识，总是想找个绝招，总是想"一招鲜，吃遍天"。

而我们发现的另一个有趣的现象是，无论是在世界范围还是在中国企业界，我们发现企业"做大做强"的竞争轨迹都是从纯物质性或资源性的竞争，逐步向生产性或技术性的竞争或创新，并越来越走向非物质类的创新，以及系统性和更深层和更高层的创新转变，具体一点，就是从单纯物质类的产品创新、技术创新、品类创新、资本融资与资源整合创新，走向所谓的营销创新、服务创新与价值增值创新，管理与流程创新，组织构架创新，并进一步走向经营模式、运营模式和商业模式这种全方位全系统的创新。而当前中国企业界对商业模式创新的追求也是这种企业竞争新潮流的体现。

　　然而，这种越来越背离简单的物质性竞争的趋势实际上也就越来越要求企业家们不能在物质性或刚性的思维框框中打转转。如前所述，当我们的思想完全都掉到利益上的时候，我们可能会看不到事物的本质，包括商业的本质、商业模式的本质；当我们的思想完全都掉到利益上的时候，我们可能会迷失我们人的本性，也包括企业家的本性。正所谓，退一步海阔天空，也许只有当我们从物质利益的争夺当中跳出来的时候，我们才能真正看清商业的本质，看清商业模式的本质。而这种"跳出来"、"退一步"的思维，也就是这种超越唯物唯利的思维。

　　可是在当今的中国，除了关心如何做大做强之外，很少有企业家会跟你讨论如何做一个好企业。只有唯"大"唯"强"，却没有唯"好"唯"善"的概念。那些真正能够被人们称之为儒商的企业家们可谓凤毛麟角、少之又少。即便是有，也仅仅被看作是个人品德和个人行为，却不是企业的系统行为或发展模式。

　　客观地讲，大多数企业一心只知道做大，却不知道如何做强，都把"做大做强"简单地理解为"做大"，或者说，把"做大"等同于"做强"。当然，一个十三亿人口的市场，无论做点什么都可以成为一个很大的规模，但这并不等于说你真的就很强。

　　我们必须首先明确"大"和"强"实质上是两个完全不同的概念，然后才能进一步了解"强"和"善"的关系。"大"是一个关于数量的概念，或者是一个系统或结构体的体量概念。而"强"是一个关于结构的概念，是一个关于结构体的机制、机能、性能的概念。"大"者不一定"强"，"强"者也不一定"大"。"大"可以是"强"的一个必要条件（对于由物质性主导的结构体而言），也可以不是（对于由非物质性主导的结构体而言）。真正衡量一个结构体的机能或性能在于"强"而不在于"大"，当然"强"也不是一个结构体的机能或性能的全部衡量。

正是由于这些概念的混淆，才会造成很多人，特别是很多企业家将"结构"理解为数量"规模"，才会造成绝大多数的中国企业在追求规模的同时往往都只是一层皮的结构，而不是把企业打造成为一个真正的结构体。其实，发展绝不是一个数量或规模的概念，发展意味着结构的改变和企业机体机能的提高和升华。

一层皮结构，无论是一个企业还是一个经济系统，缺乏能够抵御外部环境变数和风险要素入侵的真正的内部组织结构。也就是说，它没有内涵，没有内部层次结构，没有纵深，没有非线性的高能量的微观机制，也就是没有一个结构体的内生和维系机制。这种以外生机制为导向的结构（即一层皮结构）必然表现为一个对外部环境的依赖型关系（甚至是外部环境破坏型），也必定表现为一种外部物质资源的线性消耗型关系。对于这种类型的企业而言，其规模的扩大必定是依靠相应比例或者更大比例的外部物质资源的消耗来支撑的。这种扩张模式或发展模式必然会遭遇外来的激烈竞争，必然会遭遇"增长的极限"和"发展的极限"，也就不可能造就出一个真正的可持续发展。

第三章　用户为王时代，
产品如何与众不同

　　用户不仅决定产品能否成为品牌，甚至决定品牌可以活多久。所以，首先你得站在顾客的角度去思考，顾客需要的是什么，然后我可以为他打造什么。挖掘客户的思维，可以让我们很好地体会客户的所想所感。顾客为什么要买你的产品，不是平白无故的，肯定是某一点触动了其内心深处的需求点才决定下单购买的。其实关注用户的需求，是任何时代企业成功的关键，而今天则更为突出。

　　在以网络技术为基础的市场竞争中，速度决定一切。你不但要关注现有竞争者，更要关注客户需求的变化给市场竞争带来的影响。任何卖家都离不开新老客户。老客户是稳定的力量，新客户是发展的核心。用心服务客户，为客户提供最优质的产品是卖家经营的立命之术。

　　而传统的企业和用户之间一个很大的问题，也是最头疼的，就是客户到底要什么？你找不到。麻省理工学院教授迈克尔·库斯玛诺在《耐力制胜》一书中说到一个观念，就是产品的去商品化。

　　如果我是做产品的，目的就是千方百计地将产品销售出去。去商品化是什么意思呢？说到根本应该是服务，再说到家，它不应该是一个冷冰冰的商品，它应该是人性化的，我做的不是一个产品，我做的是什么呢？就是做用户，希望做到用户满意，真正为用户的需求去做，所以这就回到一个话题，互联网时代将来不是做产品，是做个性化需求。

这是一个看增量而非存量的时代

工业时代用庞大的知识体系，让每一个人进入了一个细碎的分工角落，让那么多人挤挤插插地生活在一个都市群落当中，每一个人都被迫变得扁平化。互联网时代人的兴趣、素质正变得越来越重要，而原先那些地理位置、组织当中的位置变得越来越不重要了。换言之，传统工业社会一切坚固的东西都将烟消云散，个人崛起的时代已经到来。

传统经济的玩法都是跑步，尽可能地跑马圈地，占的范围越大越好。可是在个人崛起的时代，我们与其去把握更多的机会，还不如立定下来，在一个固定点上成长，这才是真正的身法。在传统社会，我们经常讲的是做大做强，总希望跟着组织把事业做大。可是在互联网时代，也许我们立定在自己所擅长的那个领域成长，并拥有合适规模的客户，就可以拥有自由且富足的一生。也就是说，今天这个时代不是看你过去有多牛，而是看你现在和将来有多牛。这是一个看增量而非存量的时代，所以我们应该看着现在、盯着将来。商业不外乎就是人的基本需求，离不开吃喝玩乐。商业要做好，没那么玄，就是满足消费者在基本需求之外的精神、品质和感觉上的需求。商业成功关键在于能否真的找出适合自身发展的市场，是否适合市场需求的产品，适合消费者的需求。

我们以互联网企业为例。自 2012 年以来，互联网格局颇有些动荡，关于三巨头之一百度的关注和讨论总是甚嚣尘上，而华尔街似乎也有点看不懂百度的 O2O 战略，致使年中百度股价一度跌至低谷。而随着百度主导携程和去哪儿合并成为携程的第一大股东，以及百度在 O2O 战略上面的坚定投入初见成效，邻近岁末百度的股价又重新攀升至高位。虽然市值不能说明一切，但往往被掉队论者作为有力证据之一。在我们看来，市值反应的是存量、现状，是大家都能看到的表层现象。相比存量，增量显然更关键。因为增量或者对未来发展的预期，决定了公司未来的发展趋势。而且增量往往潜藏在表象底层，并不容易被外界感知。

事实上，百度在发力增量市场，加快技术商业化。实际上，百度一直以来都是一家技术驱动型的公司，2015 年百度在从连接人与信息向连接人与服务的战略转型过程中，李彦宏依旧把技术放在非常重要的战略地位，对其不吝重金进行投入。从 2015 年第三季度财报中就能看出，百度坚定投入面向未来的研发，第三季度研发支出 26.9 亿元，同比增长 46.9%。实际上，自 2013 年，李彦宏便开始引进各种高精尖的技术人才，比如硅谷知名科学家、人工智能权威专家吴恩达加盟百度担任首席科学家就是明显信号。而在科技创新的前沿美国硅谷，百度也投入巨资成立了美国研发基地，网罗硅谷优秀的科学家们，加大在大数据、人工智能等方面的研究力度，并推进商业化的应用。不过，技术从投入到成熟有一个周期，在起步初期往往需要比较长的时间来培养市场和教育用户，而在此前百度的股价跌入低谷与百度全力研发的新技术还未及时被市场接受和了解有很大的关系。而近些年来，随着大数据、人工智能等技术被广泛的使用，市场开始慢慢地接受，百度布局的新技术正在迎来一个稳步爬升的光明期。特别是在经过两三年的技术准备之后，百度在技术方面的投入正在慢慢转化成为商业化的产品，最近百度的无人驾驶汽车完成路面测试就是一个证明。此外，在 2016 年的百度世界大会上，搭载人工智能和大数据技术的度秘的亮相等，这一切都证明百度过去几年在技术方面的研发投入正在慢慢转化为商业回报。而这些技术转化带来的商业成果，显然是突破之前百度原有的搜索商业模式的。显然，过去几年，百度作为一家搜索引擎巨头，光环太过耀眼，以至于人们忽略了百度在搜索背后所做的技术布局，也忽略了这些技术布局所能带来的巨大增量市场。面对未来的挑战，百度追求的是新增市场，而非存量市场，这是百度区别于腾讯和阿里巴巴两大互联网巨头最大的不同之处。

企业在发展过程中，一直都非常希望能够得到销量的拉升，对任何企业来说，量的拉升一直以来都是一个非常重要的话题。但是，量到一定程度的时候，总会碰到一些问题。量的上升并没有带来利润的上涨。而利润的积累，又变成了能量的问题，没有相当大的力量，就不能推动量的上升。企业做到一个坎的时候，一定会面临竞争，那么一旦面临竞争以后，总是表现在三个方面：第一，抢客户；第二，拼成本；第三，比发展的速度。企业的每个阶段都是在突破：第一个阶段，产品与市场最重要；第二个阶段，组织与成长；第三个阶段，规模与势能，对行业就有了决定权。这是建立利润模式时的立足点。

中国市场，一直在讲市场占有率，然而占有率却有两大问题需要认识：第一大问题是占有率的阶段。当占有率达到一定程度的时候，再往上推就会很难。第二大问题是占有率的自我成长性。占有率其实是相对的，不是从竞争对手手上抢来的市场份额，在中国市场，很多行业呈爆炸性增长需求。这时，两大问题需要认识到——存量市场与增量市场。

增量市场上，关注产品的功能、推销能力，这是很多企业家起家的关键。所有没有用过手机的人，在第一次用手机时最关心的是电话功能，即手机的基本功能。存量市场上，关注产品的是体验，感觉以及产品在细分市场上的深度，做的是顾客的持续购买力，留住顾客，服务一生。

心智聚焦，成与败的关键

对于很多企业来说，实际上在做什么，一般都聚焦于产品。但是，有一种定位理论说，企业并不是定位在产品上，而是把目光瞄准潜在顾客的心智上。例如百事可乐，不单是做产品，还要把它定位到人们的心智中。人们的心智已经被可口可乐占据了，百事可乐只有取而代之才可能成功。我们很多品牌都有这样的问题，很多品类都有它们的领先品牌，如果你是领导品牌，那你可以解决问题，如果不是的话，那你就要瞄准竞争者，因为竞争者已经占据了人们的心智。

如何成为一个领先者呢？领先者必须是一个新品类中的开创者，比如可口可乐是第一个可乐饮料品牌；麦当劳是第一个汉堡连锁品牌；肯德基是第一个炸鸡连锁品牌；红牛是第一个能量饮料品牌。定位的关键是先行一步占据人们的心智，人们的大脑中有很多心智的小格子，有些位置已经被占据了，还有一些位置空着。所以当位置已经被先行者占据之后，其他品牌进入这样的位置那就非常困难。所以在某一个品类中，你首先要考虑的问题是你的品牌是第一还是追随者。

在 1969 年，有学者用定位理论来研究当时的计算机市场。在大型计算机市场，心智里面的位置已被 IBM 占据。IBM 是计算机的代名词，现在还是这样。GE 和 RCA（美国广播公司）是当时美国排名第 4 位和第 21 位的公司，他们凭借资金实力都想进入大型计算机市场，这是很典型的拼"产品"的方法。当时，我们做了一个预测，预测 GE 和 RCA 都将在计算机行业上失败。两年之后，这两家公司都失败了，他们将计算机业务关闭。GE 在心智中代表电气，RCA 代表媒体。如果他们想赢的话，必须得把 IBM 挤出计算机的格子，自己挤进来，这是很难的事情。况且品牌在一个定位上很强，它想要移动到另外一个定位上是非常困难的。尤其是这个定位已经被另外一个品牌占据的时候。

然而，30 多年过去了，多数的公司并没有遵循关于定位理论的原则，这实际上就是大家的机会。为什么呢？因为多数的公司不理解在当今的业务中如何成功，很多公司把重点放在产品上面，而没有放在他们潜在客户的心智上面。比如 IBM，犯了和 GE、RCA 完全一样的错误。IBM 原先定位于大型计算机，后来他们想转向个人电脑的定位，但这实际上是一场灾难，23 年中损失了 900 亿元人民币。后来 IBM 把个人电脑业务卖给了联想，只卖了 110 亿元人民币。联想怎么做的呢？联想也犯了完全一样的错误，将个人电脑的定位转向手机，这是否行得通呢？行不通。你知道他们所做的，他们告诉大家说我们需要更好的产品、更便宜的产品。产品，产品，产品，脑子里想的都是产品。联想一直在强调更好的产品，这是不可能成功的。我们不能靠产品去赢，名字很重要，联想这个品牌名，把它放在手机上是行不通的。

看一下苹果公司，苹果是不是什么都做呢？苹果不是一个产品品牌，它是一个公司品牌。没有人会说我要去买苹果，除非他真的是买了吃的苹果。他们不会把苹果作为一个产品的名字，他们是把它用作公司的名字。比如说他们买苹果可能是买的 iPod、iPhone、iPad，这三个品牌使苹果成为全球盈利最高的公司，每个品牌都占据人们心智当中的一个位置，这是品牌为什么强劲的原因。iPod 代表高容量 MP3 播放器，iPhone 代表触屏智能手机，iPad 代表平板电脑。苹果是全球最有价值的公司，而联想的市值不到苹果的 1/50。联想的品牌树立工作太糟糕了，它不可能赢的。

如果心智中的位置都被占满了该怎么办？那就需要聚焦，但是企业管理者通常不愿意聚焦，他们都想扩张。再看一下汽车行业。买汽车的人想要汽车的驾驶性能好、可靠性强、续航里程长、外观好，他们什么都想要。汽车公司做广告的时候也想把这些都包含了，比如很多年前宝马做了什么都包含的广告——宝马汽车豪华、驾驶性能好、操作方便、油耗表现也很让人惊奇。当时在美国市场上，宝马在欧洲进口车的销售排名是第十一名，真的不怎么出色。后来宝马公司改变了他们的战略，聚焦在驾驶性能上，宣传"终极驾驶机器"。这个主题已经用了 39 年，现在，宝马是全球卖得最好的豪华汽车品牌，第二名是奔驰，下面是奥迪，再下面是雷克萨斯，最后是凯迪拉克。宝马所做的就是典型的军事理论中的"聚焦"。

再来看一看中国汽车市场。2009 年长城有商用车、SUV、小型面包车等，也有很多品牌名。国外专家给出的建议是在众多的品牌中聚焦哈弗经济型 SUV 的车型。当时长城有很多的生产线，要砍掉其他的产品比较难，但是必须要聚焦于单一的产品——15 万元以下的经济型 SUV。聚焦战略 4 年后，长城销售增长了 5.1 倍，盈利增长了 8.6 倍，股价上升了 12.3 倍。长城在 2014 年一年所创造的净利润比其他中国车企的总和还要多。

再来看一下麦当劳，实际上麦当劳刚起步的时候，销售各种各样的烤肉和汉堡，但是大多数的盈利都来自汉堡包。后来麦当劳关闭了三个月进行调整，再开张的时候完全聚焦于汉堡包，同时专门推出了汉堡包"金黄色拱门"的标志。假如当时麦当劳没有聚焦于汉堡包，它是不可能成为世界上最大的快餐连锁店的。所以，想要成功必须要聚焦。当你有一个很大的公司的时候，你要从最小的地方开始聚焦，通过这样的聚焦来占据人们的心智。总之一句话，能否在消费者心智中聚焦，是产品品牌成败的关键。

情景式思维：用户的痛点、痒点和兴奋点

无论哪个行业，只要切中了用户的痒点和痛点，就不愁没钱赚。如果你是暗黑派，也可以理解为只要放大了人性的弱点，就可以把用户俘虏下来，任你摆布。互联网时代，针对人类的贪婪、恐惧、社交障碍等弱点进行狂轰滥炸已经习以为常。比如腾讯缓解了社交障碍，奇虎360狂打恐惧牌，小米狂吊胃口，等等。不过这些都是非常成功的例子了，因为它们能够迎合那些最大范围的痛点、痒点和兴奋点，因为它们是情景式思维的产物。其实，痛点、痒点和兴奋点是一切商业和一切品牌的根本策动点。如果你的品牌核心价值没有指向任何一点，要想获得商业上的真正成功，那么你的想法，只能是镜中花、水中月，看得见却摸不着，毫无实质意义！

先说痛点。痛点是消费者在生活中所担心的、纠结的、得不到满足的问题，它往往存在于某个场景的需求。如果这个事情不解决，他就会浑身不自在，睡不着觉，吃不好饭，他会很痛苦。因此，他需要找到一种解决方案来急切化解这个问题，解开这个纠结，抚平这个抱怨，以达成他正常的生活状态。我们要做的，就是消除消费者的痛点，因为消费者在生活当中，最不满意的方面，往往就是新产品的机会。比如，上火是不是一个问题？一个本来嗜好吃香辣火锅的美食爱好者，很可能因为怕上火而导致不敢吃了，这会影响他的食欲，影响他正常的生活所需。因此，王老吉发现了这个普遍存在的问题，然后名正言顺地提出来告诉消费者——"我能帮你解决这个问题"，

如此一举获得大成！再如，胃痛、胃酸、胃胀，是不是一个亟待解决的问题？如果胃有问题，你还能喜笑颜开吗？你还能正常地生活吗？你还能正常地工作吗？你面临的只能是痛苦！因此，你迫切需要解决这个问题："胃痛，胃酸，胃胀，就用斯达舒！"很遗憾的是，后来斯达舒把如此高效有力的广告语改成了"良心的药，放心的药"，于是就慢慢地淡出了消费者的认知视野。因为这句话没有直指消费者的问题，也就是没有直达消费者的痛点！

　　总而言之，消费者在生活当中所担心的，纠结的，不方便的，身心健康的问题，就叫痛点。我们要做的，就是发现某个问题，然后解决某个问题，最后堂而皇之、义正词严、毫不客气地提出来，告诉消费者：我能帮你解决这个问题，如果你有这个问题，就选择我！

　　再说痒点。所谓痒点，就是工作或生活中有些别扭的因素，有种乏力感，需要有人帮忙挠痒痒。换言之，痒点是给人一种在情感和心理上更好的满足感，即满足消费者的欲望。如果说痛点是定义产品的切入点与重心点，那么痒点的运营就是为了提高用户黏度。痒点是逻辑之外的那些小愉悦，促使消费者心中的"想要"，让他一看到你的产品，心里就痒痒的，特别有兴趣，特别向往。如果说痛点对应的就是解决消费者的问题，那么痒点就是满足消费者的欲望。为什么我们说不痛不痒没感觉呢？说的就是如果你的产品不能解决消费者的切实问题，又不能满足他心中的欲望，所以他就难以产生购买的想法。

　　痒点是促使消费者心中的"想要"，让他一看到一听说你这样的产品，心里就痒痒，就特别有兴趣，特别向往。就像很多经济条件不太好的工薪人士，也对苹果手机特别向往，一看到那种赏心悦目的外观，一看到那种超酷的性能，心中就激动万分，恨不得卖肾也要买苹果手机！

　　买房子解决是痛点问题，而买一套更高档，更豪华，更有格调的房子，就是人们的向往了。看到风格别致的欧式建筑，有青山的倚靠，有绿水的环绕，有阳光的沐浴……谁不心生向往，谁不心里痒痒，想要啊，渴望啊！于是，万科城市花园、西郊庄园、碧桂园等给你一个五星级的家，就是在刺激人们心中的痒点。普通住宅也能住，但五星级不是更有生活品位吗？也可以这样说，给人一种在情感和心理上更好的满足感，就叫痒点。

最后说兴奋点。兴奋点也称卖点。狭义上的卖点，就是指我们自身的特色，但这个特色在消费者的显意识里不一定能发现得了，只有等商家一说出来，如果消费者突然对你产品的特色有怦然心动之感，如此，你所塑造的卖点就成功了。真正有杀伤力的卖点，能在瞬间打动人。比如，酒店怎么在瞬间打动80％的商务人士？"五星级的待遇，四星级的价格"，这句话一打出去，至少80％的商务人士都会降伏，因为正常来说，五星级按理应该是五星级的价格，但现在只需要四星级的价格，真是太超值了，想不想在这里住？再如，王藏鸡蛋为什么这么贵，敢卖5元一个，卖点在哪里？怎么塑造？你怎么也得告诉消费者，这不是一般的鸡蛋吧。你告诉他这种鸡蛋不是一般鸡生的蛋，这种鸡是吃天山雪莲长大的，是吃冬虫夏草长大的，七天才生一个鸡蛋，放养在唐古拉山的野外环境中长大的。因为来源不凡，所以价值就不菲！也就是说，能给用户带来"哇"效应的那种刺激，立即产生快感，就叫兴奋点。

痛点、痒点和兴奋点，是任何一个商业形式的根本立足点，是一切成功产品的商业基因，缺少任何一点，都很难成功。所以，请找到属于你产品的痛点、痒点与兴奋点，你才有可能在商场上突出重围，在生意上获得裂变！

别问自己"想做什么"，得问"能做什么"

在品牌时代下，品牌对企业在提升形象、提高市场占有率、提高盈利能力等方面的作用已显露无遗，谁拥有消费群体所公认的强势品牌，谁就不会在市场"大浪淘沙"的过程中被淘汰。大公司能迅速聚集各种资源并通过强大的财力创造自己的品牌帝国，但对众多的小公司来说怎么利用"捉襟见肘"的资源来建设自己的品牌呢？成功建立品牌的前提，是企业本身拥有对市场和消费者有价值的特殊的能力，而品牌是把这种价值强调出来，并在消费者心智中与竞争对手区分开来。因此小公司一定要根据自己所处的发展阶段、产品或服务的市场态势、消费者的消费成熟度等相关因素来选择合适的品牌建设方法。

在产品差异化的市场领域，人们关心产品或服务的功能性消费，新产品与新技术不断被开发。小公司要建立品牌，关键在于凸显产品差异，塑造更好的产品。通过口碑营销做品牌。口碑营销就是把口碑的概念应用于营销领域的过程，吸引消费者、媒体以及大众的自发注意，给予他们讨论产品和品牌的机会，并且在谈资的基础上，能够赢得消费者正面评价及产生推荐行为，使得产品在消费者购买决策过程中脱颖而出。口碑营销需要在不同的接触点和消费者对话，让消费者理解产品和品牌进而主动帮你营销。Google 公司在短短数年之内，成为搜索引擎服务商甚至是"搜索"代名词，其强势品牌地位主要得益于其口碑营销的成功。Google 以牺牲暂时的利益为代价，首页简洁干净，淡化了商业气息，完全突出了搜索功能；Google 拒绝了搜索排名的付费服务，始终将搜索结果的客观公正放在首位；Google 可供检索的语言版本和网络页面数量丰富等，这些与竞争对手不一样的话题因素成为网民、对手、媒体、投资者等群体不停传播它、讨论它，在全世界得以快速的流传，使得 Google 在人们心目中的地位一次又一次得到强化和提高。因此 Google 才在"没有做过一次电视广告，没有粘贴过一张海报，没有做过任何网络广告链接"的情况下，品牌一样获得了成功。

借助渠道宣传做品牌。在产品趋向同质化的市场领域，消费者经验增加，人们开始注重产品使用中的感性利益，超出功能要求。小公司要建设品牌，关键在于形成独特的形象，附加更多感性利益。借助于渠道（经销商、分销商、协作商甚至竞争对手）小成本投入对现实消费者进行近距离宣传，直接影响或改变消费者的消费选择，很多大品牌在处于小公司阶段时使用的都是这种模式做品牌。比较典型的成功案例是"公牛插座"，公牛电器公司在没有一分钱的电视广告支出的情况下，通过渠道中商户的店面横幅和超市柜台上的横幅来进行宣传，引导消费者感受自己的产品更多的感性利益。公司从初创到获得"中国驰名商标"只用了短短十年的时间，虽然现在的"公牛插座"已经很具财力，在几个电视频道上投放了广告，但起初的借助渠道做宣传对公牛品牌建设起到了重大作用。

借助区域品牌做品牌。区域品牌是区域经济发展的产物，是某地域的企业品牌集体行为的综合体现，并在较大范围内形成了该地域某行业或某产品较高的知名度和美誉度。"区域品牌"与单个企业品牌相比更形象直接，是众多企业通力合作拼搏的结果，是众多企业品牌精华的浓缩和提炼，更具广泛、持续的品牌效应。典型的区域品牌比如温州"中国鞋都"，虽然温州绝大多数企业是中小规模的家族制企业，但经过明确的分工和社会化协作，形成了完整的产业链和相关的产业配套体系，集成强大的产业竞争优势，形成强势区域品牌，有助于温州鞋类企业品牌的成长，很多温州鞋类小公司就可借助这一区域品牌的"搭载效应"成功推出自己公司的品牌。

实施品类创新做品牌。在品牌形象同质化的市场领域，社会商品激增、信息爆炸，消费者对品牌形象无暇顾及，对感性利益关心减少。小公司要建设品牌，关键在于成为某类产品的代表，方便消费者识别、记忆与购买。品类是根据消费者的需求进行分类，而不是根据商品的属性进行分类，是基于消费者的心智，因此新品类形成的品牌容易在消费者心智中刻下烙印，能让消费者印象深刻，在消费者心中被定位为领导品牌，意味着正宗，其他后来的或相关的品牌都是仿制品。郑州思念食品 2006 年成为北京奥运会速冻包馅食品独家供应商，从公司初创到成为速冻食品强势品牌不到十年时间，其品牌建设归功于品类创新，通过"思念小汤圆"产品分化传统大汤圆市场，通过"思念袋装水饺"产品分化传统散装水饺市场等，将自己定位于不同强势品牌对手"龙凤"、"三全"，向消费者传递新品类信息，在分化后的市场做品牌。

的确，作为在市场竞争中处于劣势的中小企业来说，别问自己"想做什么"，得问"能做什么"。而这"能做什么"，就是根据自己的实际情况，发挥优势，避开劣势。企业优势主要有成本优势、资源优势、技术优势和产品优势。中小企业为了生存与发展，必须能发现并发挥出这些优势。这里，我们特意提一下产品优势。产品优势是指企业生产的产品比其他竞争对手的相关产品能更好地满足消费者需求所形成的竞争优势，其优势与产品特征密切相关。在产品同质化越来越严重的现在，产品如何脱颖而出是企业必须面对的问题。而拥有高质量多功能的产品对一个公司无疑是至关重要的，有没有好的产品是占领市场的前提和根本。例如，宝洁在肥皂乳的营销中，对消费者进行了细致研究，发觉消费者最需要的不只是可洗净双手、具有柔润肌肤功能的乳液，还需要能吸引顾客、美观的外在包装——乳液容器。于是，宝洁根据这一需要重新设计了产品的包装，集美观、实用于一体，使消费者的需求最终得到满足，也让宝洁进一步占领市场。企业在发挥产品优势的时候，必须分析各目标市场或消费群体的特点进行市场细分，做到某个领域的第一，让产品脱颖而出。

产品设计源于用户与创客

产品设计是一个创造性的综合信息处理过程，通过多种元素如线条、符号、数字、色彩等方式的组合把产品的形状以平面或立体的形式展现出来。产品设计是为了体现产品的功能，产品的功能来自于需求，需求来自用户。以用户为核心是个根本点，是产品设计前所必须注意的。了解真实有效的用户需求，是产品设计的第一步。如果第一步错了，后面的第二步、第三步就毫无意义。用户是谁？很多时候，大家没有分清楚。大家经常误以为用户就是自己，主观臆断，喜欢依据自己或者团队几个人的想法，闭门造车，以为设计得很完美，其实，离用户的真实需求差之毫厘，失之千里。而基于用户实际需求的产品设计则最容易成功。

视频网站 Netflix 制作的美剧《纸牌屋》异常火爆。这根本不是偶然，完全是有意为之。其剧本改编自 1991 年首播的英国广播公司 BBC 同名剧集，由 Netflix 投资 1 亿美元制作。敢于斥巨资老剧重拍，是因为 Netflix 在分析千万级用户影视消费"大数据"后，认为其中有利可图。经过数据分析 Netflix 发现老剧《纸牌屋》依旧是点播热门，而点播该剧的用户群，也几乎和网站上大卫·芬奇、凯文·史派西的粉丝圈重合，于是才决定投资1亿美元重拍，并由大卫·芬奇导演、凯文·史派西主演该剧。在开拍前，Netflix已经非常清楚地知道用户喜欢什么，用户的需求在哪里，这样一部投用户所好的《纸牌屋》诞生了。不出所料，《纸牌屋》大受欢迎。影视剧如此，产品设计也是一样，一定要把握真实的需求，设计有针对性的产品，不然，缘木求鱼，只是一味追求产品酷炫，是没有意义的。

互联网时代做产品，产品经理面对这样一个问题，你是创造需求给用户，还是根据用户需求满足他们？从成功者的经验看，根据用户需求设计产品更靠谱。互联网行业崇拜乔布斯，其实他给你创造需求，不是因为你想要什么，他才服务你的。他把一个问题想得很透彻以后，创造一个需求，你发现用了以后很顺畅。不管是本地生活化链条里面，还是原有生活习惯里面，很顺畅把它衔接进去，不能太生硬。穿雨衣再打雨伞，没有必要，你这一步更麻烦，简单就更好。比如说打车拼车，原来冬天的时候我们在马路等一个小时，半个小时，现在大家都是手机叫车，车来了你才出门，这种变化就是最根本的改变。

普通的用户想改善自己的生活质量，一般会选择在琳琅满目的商品中寻找自己所需要的。而事实上，大多数情况下，用户所遇到的问题都无法得到完美解决并满足他们的所有需求。但是有一类人，他们更愿意亲自动手去设计并制作自己需要的产品，这群人拥有独特的称谓——创客，即那些勇于创新，努力将自己的创意变为现实的人。大产品时代的产品设计需要怀揣浓浓的匠心设计，有流露着最舒适的用户体验，提倡一种更健康的生活方式。而创客就是这样的人。通常，很多很多的思想才会转化为一句语言，很多很多的语言才会变成一次行动，持续不断的行动会变为习惯，许多人长久的习惯成就了文化，而对一种文化思想长久的坚守与实践最终成为信仰。一旦创新成为信仰，一切险阻都将化为坦途！其实，创客与其说是一种称呼，不如说是一种信仰。创客是用行动做出来的，而不是用语言吹出来的。大产品时代的产品设计需要创客。产品设计需要在用户的基础需求得到满足之后，就是各种个性化的需求，而这时候，创客群体就能发挥自己的专长，并结合良好的工业设计，从而使产品设计更有意义。综合起来讲，好的产品设计一方面源于用户，另一方面源于创客。

没有客观的现实，更没有最好的产品

虽然用户体验是一个近些年来刚刚兴起的新学科，但其实从人类诞生开始，用户体验便已存在，只不过它像暗物质一样，直到今天，才逐渐进入人们的视野。当你开始关注它时，你才发现，原来用户体验无处不在。

人们使用的每一个产品都具有用户体验，茶杯、钢笔、电子表、书、汽车，当然也包括软件。无论什么产品，用户体验总是体现在细微之处，但却非常重要。按下按钮的指示灯似乎无关紧要，但如果这个指示灯决定了你是否能洗个热水澡，那么它就变得很关键了。即使你从来没有意识到这个按钮的失败设计给你带来了麻烦，但你可以想一想，你对一个时好时坏的热水器的印象如何？对生产的厂家印象如何？你还会再购买该厂家的其他产品吗？热水器厂商仅仅因为一个按钮没有指示灯，就失去了一个顾客。

让我们举一个网络中关于软件产品的例子。几年前，几乎每个人在注册网站用户的时候都有过这样糟糕的经历，一个冗长的表单，你需要填写用户名、密码、手机号、座机号、电子邮箱、密码提示问题、密码提示答案、推荐人 ID，还有一个永远写得歪歪扭扭很难识别的验证码。最可恶的是这些所有的一切都是必须填写的，而如果你想尝试在电话号码里输入一个 123 蒙混过关的话，抱歉，它还会告诉你电话号码的格式不正确。如果你恰巧没有座机，就更麻烦了。当你好不容易填写完冗长的表单，点击提交时，页面跳转到一个错误提示页，大大的红字告诉你，验证码输入错误。而你点击"重新填写"后，又回到注册页面，发现你刚才填写的资料全都不见了，你还要再来一遍。当你耐着性子再一次提交注册信息时，又来到了错误提示页，大大的红字告诉你，你申请的用户名已经存在了。当然，如此让人冒火的经历在今天许多网站中都见不到了。注册账户时的必填项越来越少，腾讯甚至推出了 QQ 账号一站式登录。你在输入用户名后就知道用户名是不是可以被注册，Google 等一些网站开始尝试使用语音验证码，这样你就不必看那些很难识别的符号了。最重要的是，即使提交失败，页面也会保留你之前填写的信息，这样你就不用每次都重新来过了。

这一切的改变都源于人们开始意识到，用户体验的重要性及用户体验在市场竞争中所起到的核心作用。苹果的广告做得虽然很好，但更主要的是其产品给你带来的是世界一流的用户体验，这种让人难忘的使用体验才是人们口口相传，向朋友推荐的核心理由。

优秀的广告只能鼓励更多的人去尝试使用你的产品。但如果你的产品本身忽略用户体验，差评和负面口碑将比广告传播得还要快。不管你是不是承认，用户体验时代都在悄悄到来，我们不得不开始重新审视自己的产品。即使是那些非常经典的模式，也需要针对不同用户的实际情况来进行调整。对于用户来说，好用比产品更重要。供给的丰富和产品信息的易得，使用户越倾向于选择能够解决自己问题的"好用"的产品，而不再那么依靠对品牌的认知和信赖。这也是"用户权利"的集中体现。

　　足够好才是真的好，产品不需要完美，却需要具有能够快速黏住用户的吸引力。用户的认可，相当于打开了成功的大门，但只是成功的开始而非结束。产品并不是核心，销售也不是目的。新商业的成功，在于用一切手段赢得用户。所以我们说，没有客观的现实，更没有最好的产品，一切都应该围绕着用户体验来改进。但是，虽然用户体验看起来如此神奇，如此重要，但现实告诉我们，几乎没有多少公司真的在意用户体验。那么，我们现在既然已经懂得了用户体验的重要性，接下来的工作重心自然也就确定了——那就是围绕用户体验来打造和改进产品。

第四章 营销认知战场：你的对手
不是同行，而是时代

"这是最好的时代，这是最坏的时代，这是智慧的时代，这是愚蠢的时代；这是信仰的时期，这是怀疑的时期；这是光明的季节，这是黑暗的季节；这是希望之春，这是失望之冬。"——狄更斯《双城记》中的这段话正是当下企业心态的真实写照。所以，要确立新的视野、转变思维与营销对策，才能适应新形势，对中国大多数企业而言，这是很痛苦的转变。著名企业家张瑞敏说"没有成功企业，只有时代企业"，那么企业如何迈过这道坎，成为时代的企业呢？

互联网不仅是工业时代的工具或一次科技进步，它应被视为一个独立的时代，而当下最大的颠覆也正是互联网时代对工业时代的颠覆。时代颠覆的力量向来摧枯拉朽，回顾历史，貌似强大的北洋水师惨败于甲午海战，背后交锋的其实是两个时代，是农业时代对工业时代的惨败。

在计算机市场，1980 年 IBM 垄断了大型机市场。当时个人电脑只是玩具，直到比尔·盖茨拿到电脑，开始为电脑编写操作系统，后来个人电脑持续改进，IBM 并没有看到这个趋势，等到 Windows 出来的时候已经为时已晚。这造就微软 1990 年到 2005 年的统治时期。取代 IBM 的不是硬件公司，取代微软的公司也不是一个制造软件的公司，而是一个互联网公司，这个公司叫 Google。Google 的市值很高，微软不看好互联网，软件付费是它想做的商业模式。但是今天有谁会怀疑 Google 做的事情呢？颠覆 Google 的是谁？是 Facebook，还是百度或是腾讯？都很难说。颠覆你的一定不是你这一刻能看得见的，颠覆性的技术通常是从外围或者从边缘。

你以为你的对手是同行，其实你的对手是时代，时代才是你最大的对手。

小米，其实不是神话

这几年进入传统的制造行业领地，完全靠互联网成功销售过百亿的企业，唯有小米做到了。尽管有很多企业也依靠互联网注入新的基因，但是似乎都没有小米这么耀眼。其实，小米不是神话，小米只是充分认识到了这个营销时代，并采取了自己独特的营销策略。即使你不关注手机信息，不关注 IT 产品，但你也一定知道手机行业的一匹黑马，一个创造了首日预订超过 10 万部，两天内预订超过 30 万部纪录的国产手机！众所周知，小米手机部件均为外部购买，操作系统也非自主研发，那么小米手机最厉害的地方在哪里呢？那就是它的营销方式。

一是玩转粉丝经济。互联网爆发的时代，是粉丝经济的时代，庞大的"粉丝"人群自然也蕴涵着巨大的经济能量。互联网时代的本质就是粉丝经济。战争年代的实力看兵力强弱，互联网时代看粉丝多少。在自媒体时代，每个人都是别人的粉丝，每个人也都希望粉丝如云。粉丝意味着力量，哪怕你只是一个草根，但只要你拥有了巨量粉丝，你也可以很有话语权。有人说，没有粉丝的品牌不叫品牌，一句话道出了粉丝的真谛和重要性。苹果、小米等都是粉丝经济的成功案例代表，未来产品要说自己是品牌，就必须要有一批忠实的粉丝，这样才能谈得上是真正的品牌，才能做到一个长久、有价值的品牌。粉丝经济能给个人和品牌带来什么价值？小米创始人雷军曾说小米粉丝经济要用心来做。粉丝经济是小米手机成功的原因之一。

二是解决消费痛点。小米进入手机市场，定义就是"发烧友手机"，过去只有极客才会去刻意追求的体验，小米将其完善，并喊出口号，引导消费。对于消费者使用产品的各种貌似多余的细节改进，在传统企业看来，都是一些画蛇添足的事情，但是小米却引导消费者去关注它。小米的产品并没有达到颠覆的境界，但是却依靠细节的微创新，真正地解决消费者的痛点，让消费者本身可以忽视的痛点，成为消费者的关注点。创新不是排山倒海，而是真正地走进消费者的生活场景，从消费者的痛点出发，将痛点变成一种新的体验。

三是让消费者参与创造。企业了解消费者需求，往往具有"滞后效应"，比如产品上市后，去了解消费者是否满意，反馈速度很慢。这几年有很多传统企业都在尝试建立在线消费者社区，希望能够随时捕获消费者的需求和对于产品的各种评价。小米通过社区解决了这个问题，小米社区每天都有若干的粉丝集结，并在上面发表各种吐槽，这些吐槽都成为小米发现痛点的关键。比如小米的 MIUI 就是与消费者共创的价值，超过 60 万的"米粉"参与了小米 MIUI 操作系统的设计和开发，MIUI 每周的更新，就是小米与"米粉"合作的结晶。互联网时代，消费者就是生产者，消费者不仅希望参与产品购买体验和分享的环节，也希望介入生产，这种众包模式值得传统企业的重视，如何让消费者参与产品的研发设计，值得思考。

四是专注精品战略。小米学习苹果，每年只做一款产品，并将体验做到极致。这种"聚焦精品"的策略，实际上也是一种单品带来的聚光灯效应，小米将这点发挥到最大化。同时，由于只专注一个核心产品，因此制造稀缺性，也让产品的营销本身带有很强的神秘色彩，这点在乔布斯时代的苹果也同样被充分利用。让消费者尖叫的产品，一定是精品，而不是随处可见的，距离让产品更有价值。消费者越是个性化细分的时候，越需要聚焦。去掉那些没必要的重复的产品，聚焦精品，才能赢得粉丝。

就其实质而言，互联网是体验经济和服务经济。小米卖智能手机，卖智能电视，都是低价格，而且在传统企业看来，这种低成本根本无法支撑，但是它依然在坚持，从小米 1 到小米 3，价格都是一样的，智能电视更是以2999 元让传统电视机厂商大为惊愕，为什么？因为互联网经济是体验经济，是服务经济，单纯靠功能打动消费者的时代已经过去，基于产品构建周边的服务链条、信息链条、内容链条才是核心的商业模式，这是互联网时代的商业生态。总之，小米的营销策略透出这样一个重要的营销信息——面对新的消费需求变化，所有企业都需要重新定义消费需求，重新定义传播和商业模式。

过去制造产品，现在制造服务

《第三次工业革命》一书的作者杰里米·里夫金认为，第三次工业革命是信息技术和能源体系共同推动下的变革过程。这一思路为制造业的战略转型提供了启示，即制造业和服务业相混合发展的模式，将在未来具有强大的生命力。美国作为全球领先的科技创新型国家，深信自身的科技力量能够迎合信息时代背景下市场需求变化对于制造业的新要求，因此不遗余力地鼓励以"再工业化"为标志的制造业回归。

在互联网时代，营销的碎片化带来客户价值和用户需求的个性化，企业面对的不再仅仅是一个大众市场，同时还有充满个性的小众市场。企业的生产方式可以更多地服从于多样化的个性需求，而不是传统经济时代的大规模制造模式。于是，制造业与服务业的行业界限不再像以前那么明显。谷歌公司通过收购摩托罗拉的手机业务进入制造业领域，因为谷歌相信自己的互联网技术与手机终端制造业务之间存在极强的协同效应。苹果公司的成功则在于其把一个高科技手持终端变成了联系无数个服务供应商的平台。诺基亚和摩托罗拉坚守着制造业的定位和角色，并没有意识到行业需求的变化逼迫着制造业企业向服务业进行业务延伸。

在中国，畅销的智能手机，未必出自传统手机厂商，反而来自小米这样的具有互联网服务背景的企业。在最传统的家具行业，也不乏中国企业开始把定制化、家装服务以及售后服务作为差异化竞争的主要途径。日本的制造企业其实也在探索这一路径。比如，日本家电企业一直从低利润的整机组装向提供高利润的核心技术与部件转移，这意味着他们正从卖产品向卖方案、提供服务转型。

需求在变，科技在变，强调大规模产品制造的公司不得不开始思考战略转型的方向。当平台型企业的代表苹果公司和服务型企业代表 IBM 公司超越了曾经的 IT 巨人微软公司和英特尔公司的时候，人们不再对产品制造型企业向服务靠拢的必要性存有疑问。再如我们前面提到的小米手机，他们已经把服务理念渗透到更深的一步。小米有一个极其清晰的定位，就是想做一部手机，让每一个人有成就感。小米自己热爱这个东西，认真钻研这套东西，然后把有相同想法的人聚集在一起，将小米群体分成两类：一类叫发烧友，另一类叫泛发烧友。泛发烧友就是我可能不专业，但我得有专业设备，我不一定真正专业，但我有专业的想法。

你天天用手机一定有一堆的想法、一堆的抱怨，除了小米之外有其他手机厂商愿意听消费者的抱怨并改进吗？你抱怨三星有人听吗？雷军原来就给诺基亚提过很多的意见，也认识诺基亚全球当时负责研发的一个副总裁，跟他提了很多条意见，他都说有道理，他们最后改了吗？改不了。当你喜欢一个东西却发现其实它已经没有使用价值的时候，你就会觉得这个东西不好，如果能改一下会更好。小米的初衷很简单，我就是一个发烧友，我有足够的专业能力判断哪一点对或者不对。有这样想法的人不是少数，比如说有领导同志提了一个需求，白天接所有人的电话，晚上只接通讯录里的电话，睡觉只接 VIP 电话。

雷军等人办小米的目的，就是聚集一帮人的智慧做大家能够参与的一款手机，他们在网上发动百万人参与。当你真的参与完了以后，你提的这个建议被采纳了，我手机有这个功能，再有人抱怨晚上被谁吵醒的时候你告诉他改用小米，这个功能是我设计的，你看我多牛，你看小米按我的建议改了吧，就是我设计的，这种荣誉感是他们推销小米很重要的动力。当你真的信任了用户，用户也会信任你。说得直白一点，小米销售的是参与感。

小米论坛有 700 多万个粉丝，小米手机加小米公司的微博粉丝有 550 万人，小米合伙人加员工的微博粉丝有 770 万人，微信有 100 万人。拥有这上千万可精细化运营的粉丝，小米通过网上预约购买资格、赠送优先购买 F 码等饥饿营销的方式，实现了一个又一个的营销神话，比如小米手机电信版两天 92 万人参与抢购，2012 年米粉节 6 分 05 秒售出 10 万台小米手机。而"开放购买"甚至产生了巨大的品牌传播力，引发了小米的百度指数 5 ~ 10 倍的增长。有深入参与感的米粉制造了一个强大的用户扭曲力场，通过极致的精神力量建造了小米的世界。在小米内部，不管是产品、技术、营销、运营，都把米粉当作第一原动力。也就是说，小米手机已经将制造产品与制造服务实现了一体化，而且也实现了企业与消费者的协同化发展。

消费趋势隐藏在生活方式中

一个产品能不能卖得好，开创畅销局面，其实在产品开发的阶段就基本有眉目了。因为，如果一个产品能够吻合或者引领消费者消费趋势，那么想都不用想，这个产品一定畅销。产品的这一特点在很多外观和工业设计导向的行业更加突出，如 IT 数码、汽车、家电等行业。如果具体到市场上的产品，我们或许更加明了，比如来自美国的 iPod 数字音乐播放器自投入市场便成为开创全球年轻人数码消费的新时代的产品，享有全球盛誉，而其销售量也几乎占了苹果公司全部产品销售量的 1/3；同样，来自中国的爱国者 MP3 播放器在推出月光宝盒之前，曾经开展过大量关于年轻消费者生活方式和形态的研究，而月光宝盒一经推出便引起广大年轻人的竞相追捧，也一度成为中国 MP3 市场的代言者。二者有一个共同的特点，他们的产品都创造了市场奇迹，而创造市场奇迹的同一个原因是，他们在消费者生活方式和形态方面都进行了深入的研究，因此，他们推出的产品能够符合消费趋势，引领消费潮流，追随未来发展。可见，在竞争越来越激烈的当今市场，准确把握消费趋势是企业成就领先局面，开发出畅销产品的重要因素。

研究表明，如何让产品与人们的生活方式建立联系，特别是如何让产品在几年以后成为人们生活方式的组成部分，这才是企业把握消费趋势的一条必经之路，也是畅销产品研发概念的真正源泉。消费趋势正式融入到大众消费者日常生活方式中，而且时时刻刻都在向所有生产者呈现，如何洞察却是一个非常棘手的问题。通常来说，消费者生活方式的现状是最容易了解的，但是从中发现趋势往往很难，因为消费者往往自己都不能清晰地描述自己下一步的消费倾向。既然如此，又该如何洞察未来的消费趋势呢？要获得好的产品概念和创意，并不是消费者研究没有用，而是如何去搜集消费者相关的信息，如何获得趋势，挖掘出人们头脑中未来会可能消费的产品概念。用创新的方法解构消费者的生活方式，剖析消费者的生活密码，才能让吻合消费者未来生活方式的产品研发不再成为问题，因为你解了消费者的密码，就知道了其潜藏在背后的真正需求。更重要的是，很多公司往往认为洞察信息只来自消费者，其实信息源自很多地方。

一是大众生活观察。很多时候，我们的判断来自于我们的观察，敏锐的观察可以捕捉到精彩的信息，当我们不了解一个消费者到底在想什么的时候，观察是获得信息最基础的手段。比如我们可以选择和普通消费者共同度过生活中的一天，来看他们是如何度过的，这样就能生动地找到很多信息。

二是消费者的记录。当我们很难去形成对一个消费群体的判断的时候，让消费者用最自然的方式参与到生活方式的研究中来，比如让他们去写日记，拍摄一些自己喜欢的数码照片，研究人员去和消费者一起举办一些群体活动，与消费者进行座谈等都可以发现一个人群真实的生活表现，而这些是形成新产品概念的源泉。

三是消费者的语言。一个产品之所以能够受到某个群体的追捧，原因在于这个产品传递的语言是这个群体的语言，比如动感地带传递的"我的地盘我做主"，就是现在很多的年轻人自己的语言，所以很容易建立沟通的平台。搜集和分析这些语言，了解消费者在一些特定的情境中使用的语言，可以帮助产品的创意和概念寻找到能够具象的元素，这些研究通过对网上的 BBS、贴吧、各种博客文章等上面流行的语言的内容结构和分析就可以获得，比如你要设计一款电脑给这些追星族，你只要去他们建立的各种各样的追星论坛上看看，就可以找到这些人的鲜活语言。

四是了解社会趋势。社会趋势往往影响着人们消费生活的变迁，而全球的社会趋势的融合对于形成产品概念也意义重大，因为这些趋势中往往可以看到很多未来的新概念和新方向，同时社会趋势带来的潜在消费需求对于产品研发是很有价值的信息。了解社会趋势，就是要培养对这类信息的高敏感度，这可以通过全球众多研究机构的趋势报告，对于目标群体的消费趋势报告来了解。

五是产品所处市场。很多企业虽然做了很多年，但是对于自己产品在消费潮流中所处的位置却并不是非常清楚，这样导致新产品到底应该切中哪个细分市场，在产品的创意和概念上做什么样的创新很难形成判断。按照时尚和消费的趋势来了解自己的产品所处的市场位置，对于企业的产品研发也必不可少。

六是产品关联市场。产品概念的流行趋势与相关行业的流行趋势的变动方向是一致的，而且产品流行概念的变动也遵循整个流行概念的变动规律。因此，在研究一个产品概念的流行趋势时，我们也要了解相关的产品的流行趋势，比如服装的变换对于很多产品的外观都有着影响，手表与汽车的仪表的流行趋势之间也存在关联，装修的风格和建筑的风格也有着高度的关联，这些关联市场的趋势可以获得与众不同的新概念。未来的潮流就在消费者生活的碎片中，产品概念的开发不仅在于产品开发理念上的创新，也同样在于信息捕捉方式的创新。而灵活运用正确的研究方法来获取潜藏在大众生活方式中林林总总的趋势性元素，便是企业洞察未来的消费趋势的必然选择。

销售无处不在

　　早在十年甚至二十年以前，大家可以看到一些这样的情景：有些大型的快消公司通过在电视、报纸、广播等各大媒体上大幅度地投放广告，用最先进的营销、传播和销售技术来推广他们的产品和提高产品的销售量。然而在近几年我们越来越弄不清楚为何人人都在用微博、微信，不清楚为何奶茶妹妹、龅牙哥会因为一张照片在网络中迅速走红，甚至更不清楚为何网络小说作家的年收入可以达到上千万。其实，正是因为互联网的发展，使得我们网络营销的手段越来越丰富多彩，我们已经进入了互联网时代。

　　有专家指出，网络营销可以归纳为三个特点：第一，网络营销贯穿于企业的整个生命周期，在企业生产阶段就开始营销了；第二，网络营销突破了时空的限制，随时随地可以做营销；第三，营销网络的方式百花齐放，手段丰富多彩。

　　随着互联网的迅猛发展，近年来企业信息化的成熟、社交网络的兴起，物联网、云计算、移动互联网等技术的变革创新，B2B、B2C、C2C、O2O 等模式层出不穷，互联网、移动互联网已经成为一个非常强大的营销销售平台。

　　我们的营销环境在不断发生变化，我们惯用的营销理念、经营策略等都受到了国内外的各种新挑战，及时转变营销理念与营销策略是我们适应市场经济条件下营销发展的新趋势。

　　一是大数据时代的到来势不可挡。曾经有人说过一句话："如果你不喜欢数据，那你就不喜欢未来。"大数据时代随着互联网的深化和普及应运而生，碎片化信息的汇集、筛选、加工可以得到具有各种价值的特定信息。大数据时代的巨量数据对于消费者和营销单位是相互的，消费者购买产品前必定比以前更加了解产品性能，甚至会在网络上与别人分享自己对产品的体验，因此大数据时代给我们带来全方位更精准了解用户的可能性。同时我们对于自身企业营销需要有很强的数据处理能力，理解消费者背后的海量数据，挖掘用户需求，并最终提供个性化的跨平台的解决方案。因此，为了与这个时代的数据潮流相匹配，构建一个强大的营销支撑系统必不可少，而这个就需要有强大的 IT 技术作为平台的支撑，精准遴选有效信息、衡量营销投入收益、营造全新体验环境，都要依靠业务流程与 IT 系统的完美融合。

二是社会化媒体越来越多元化。由于人们人际关系呈现多元化趋势，人和人之间可以是真实关系，也可以是虚拟关系。而维系这些关系的手段也更加多元化，从以往的书信、电话、电子邮件发展到博客、微博、微信。有知名人士提到："未来，社会化营销的营销网络将覆盖微博、社交网络、社区等全媒体平台，整合微博运营、创意推广、活动推广、线上线下结合等全项目运作手段，并具有可衡量指标等特征。"以前企业只需紧跟少数媒体平台，而今天需要和更多的社会化媒体创造与各自平台相符的内容，社会化媒体已经把我们的世界透明化，明智的企业会有效利用这一趋势，以真实和可信赖的方式致力于实现品牌承诺，直接与消费者沟通对话。

在社会化营销时代，企业要放弃传统单一的广告传播思维，而要转化为核心是通过在"发布声音、驱动关系链传播、接口用户对话和管理口碑"四个环节的介入，最大化地促使企业官方声音能够在网络内曝光，吸引用户关注，同时通过意见领袖和活跃网民的影响力带动，实现企业品牌的广泛传播。社会化营销平台绝非一个传统广告发布平台，而是构建一个跟用户建立多频次互动、沟通的平台，企业能够在这个平台上借助用户的关系链和社交流，通过讲"故事"，而非以做"广告"的方式获得独特的价值。企业要更加积极看待这种改变，要有意识地去创造内容，创造有价值的资讯。如果把社交化营销平台仅仅当作一个广告发布平台，是得不到预想的传播效果的。

三是全方位以客户为中心。每一次营销观念的重大变革无不是向重视客户更进一步发展的结果，未来营销的趋势也是如此，不过更加重视的是顾客的个性化需求，差别化需求或更加细化、深化的需求。为了满足客户的个性化需求，企业和客户进行融合，为客户深度参与企业的营销活动创造环境。在企业的产品从研发设计、宣传推广、成功销售、售后服务的全价值链条中，客户无处不在，客户与企业全程深度互动沟通，并向外界传递体验感受。企业为客户的个性化需求组织柔性生产。客户既是消费者，也是设计者；既是营销者，也是评论者。企业与客户平等互惠，双方甚至可以在交互的过程中互为买方和卖方。

四是以维护客户为主，行业化 CRM 全面应用。企业意识到以客户为中心，然后真正能落地的只有 CRM 客户关系管理系统。能够从意向客户线索的获取、市场活动的推进和线下销售的跟进、商机的不断推进和拜访、客户合同的管理、销售订单的管理、项目实施管理、售后服务管理、客户自助服务管理等全面地围绕客户进行一系列的应用。目前有移动 CRM 代表纷享逍客和销售易、社交 CRM 代表腾讯 EC 和红圈营销、行业化 CRM 代表 N8CRM 让销售更牛和 Salesforce。根据市场反馈行业化 CRM 能够真正懂客户的系统，才能成就 500 亿的国际企业 Salesforce 和国内黑马恩友集团。

现在，已经有人提出"后互联网时代"的概念。而后互联网时代的本质是去中心化和去中介化。在传统互联网时代，人们总是要登录新浪、搜狐等门户网站来获取新闻资讯。淘宝商城则是电子商务最重要的中心节点。所谓去中心化，就是在智能手机普及的移动互联网时代，我们不再需要特定的"中心"，微博、朋友圈，微信公众号就能满足个体的资讯需要。所谓去中介化，携程就是最典型的传统互联网"中介"。基于强大的用户的聚合，携程对酒店、航空公司的强大的议价能力，从而为用户提供旅行相关的出行服务。而现在，7 天、锦江之星等，因为积累了庞大的会员库，已经完全减少了对携程等平台的依赖。不仅止于此，在后移动互联网时代，从用户的"价值创造"和企业的"价值获取"两个视角出发，我们可以构建出一个全新的"4C"模型：

Co - creation（共同创造）：对于用户，体验比功能更重要，对于企业，设计比功能更重要。

Commodity（产品核心）：对于用户，好用比产品更重要，对于企业，免费比盈利更重要。

Community（社群生存）：对于用户，兴趣比归属更重要，对于企业，社群比细分更重要。

Connecting（组织网络）：对于用户，关联比产品更重要，对于企业，网络比组织更重要。

新的商业模式正在逐步成为主流，新经济正在改变甚至颠覆传统经济，用户"价值的创造方式"以及企业"价值的获取方式"正在发生改变——前者是用户需求和消费所创造的市场价值，后者则是企业创新和运营欲赢得的市场价值。这都意味着不再一样的商业规则。

互联网时代，自大是最大的错误

在过去两三百年时间，我们生活在工商业时代，这个时代的管理方法叫科学管理，这是迄今为止我们认为的这个时代最重要的，也是唯一正确的管理方式。但是，互联网时代，这些已经改变了。过去的管理方式会让人陷入到惯性思维里面，你认为自己是正确的，而你陷进去你却不知道。有一家公司从 PC 互联网跳出来，跳到了手机互联网，它是腾讯。除了腾讯之外，之前 PC 互联网时代所有伟大的 IM 软件都"死了"。有的在互联网领域屡战屡败，跳出互联网，走向硬软件结合，取得了巨大成功，它是小米。

工业时代可以客观准确测量，互联网时代不可客观测量。工业时代底层代码是确定性，互联网时代的代码是不确定性。确定性是工业时代的纽带，工业时代有相对稳定的环境、有足够多的数据、可以对未来进行准确的预测和分析。用户需求是什么、我们的解决方案是什么，然后从 A 到 B 做一个计划出来，计划、执行、评估，然后从 A 到 B 走，这是我们经典时代科学管理最简洁的一张路径图。确定的时代、在数据已知的时代，这是最有效率的一个办法。互联网时代底层代码已经是不确定性的了。对于一个创业企业唯一把握的是现在的产品，你是把握不了未来的。

阿里巴巴今天多了不起啊！几乎成为国民创业家代表。但是最初阿里巴巴什么都没做成，烧掉了几千万，直到 2003 年 SARS 火了之后电子商务乘势推出淘宝。所以说，今天占主流地位的传统管理理论，都是基于高度确定性的控制假设，未来是不确定性的，你必须学习用不确定性的方式来解决不确定性的问题，所有试图用确定性的方法去解决不确定性问题的尝试都是失败的。意思是说，传统管理办法不灵了。

我们来看诺基亚，2007 年的诺基亚市值 1500 亿美元，收入 510 亿欧元，净利润 72 亿欧元，手机出货量 4 亿部，全球市场占有率 40%，是整个手机历史的顶峰期。但是，2013 年的时候以区区 72 亿美元卖给微软，2014 年的时候微软甚至把诺基亚品牌都给丢掉了。诺基亚为什么失败？有人会说诺基亚输给了苹果，有人说功能机输给了智能机，其实是电信网输给了苹果所在的互联网。

把诺基亚的所作所为全部拿出来分析，都是跟教科书上一模一样的。诺基亚时任 CEO 讲了一句话"我们并没有做错什么，但不知为什么我们输了"。说完这句话，他掉泪了，所有高管也都掉泪了。诺基亚的失败，归根结底是在互联网时代依然使用工业时代的管理。诺基亚以人为本，在这样一个思想底座变换的时代输掉了，难道你的公司比诺基亚管理更好？后人哀之而不鉴之，亦使后人而复哀后人也。今天这个不确定时代唯一确定的思维方式，叫"不可知论"。诺贝尔经济学奖获得者科斯提出，市场经济建立在两个深厚的认知基础上，第一承认无知，第二包容不确定性。我们对世界的看法永远和真实的世界不一致，因为我们本身就是这世界的一部分。

在今天这个时代，精益创业适合所有公司。精益创业里面有一个假设验证，价值假设和增长假设，用的是"假设"。因为未来只能假设，你去验证这个假设。精益创业最重要的一个贡献是什么？就是 MVP，即最小可实行产品。因为我不能对未来进行预测，我只能用最小化、可行产品行动起来。在一个未知的世界里面，你要动起来，以最小步伐行动起来，对行动获得认知，获得更大的行动，再认知，再向前走。先把简单的事情做好、做顺，然后再做更复杂的事情。事实上，精益创业并不仅仅是一个技巧，它实际上是那个时代的方法论。

我们经常会看到这样几种现象，有些人一上来就把摊子铺得很大，恨不得面面俱到地布好局，有些人习惯于追求完美，总要把产品反复打磨到自认为尽善尽美才推出来。这些做法在实践中经常没有太好的结果，因为市场从来不是一个耐心的等待者，在市场竞争中一个好的产品往往是从不完美开始出来的。你怎么知道用户需要什么呢？你怎么确保知道用户需要什么呢？所以应该是"小步快跑，快速迭代"，也许每一次产品的更新都不是完美的，但是如果坚持每天发现修正一两个小问题，不到一年基本就把作品打磨出来了。

我们现在说苹果，说它是火箭发射式，依靠天才人物的天才设计，万丈光芒。有谁看过 2007 年乔布斯 iPhone1 发布的事情？当天，苹果只有 5 台，而且是龟速网速，也没有 APP。但是，你看每年一款，苹果到了第六代，越来越好，你不觉得自己仅仅是换了个手机，你觉得苹果长大了。

《三体》说："软弱无知不是生存的障碍，傲慢才是"。不要以为你的方案一定能解决用户的需求，你只是假装知道用户的需求而已。有两方面：一是承认无知；二是不确定性。承认无知不是丢脸的，傲慢才是，现在往往是死于傲慢而不是无知。王石说："不是输给互联网，而是输给了不信互联网"。宗毅讲了一句非常漂亮的话，"对新鲜事物的好奇心，是此生最好的投资"。换言之，互联网时代不相信老大自居，自大乃是最大的错误。

自发与自觉：品牌新贵的成长之路

随着劳动密集型制造业的外迁，中国企业必须面对转型升级带来的挑战，通过向价值链的中高端转移，来寻找新的核心竞争力。传统附加值低、重资源轻服务、轻创新的行业会随着经济结构调整步伐的逐步加大而被边缘化和淘汰掉。新技术革命已经席卷全球，传统行业也不例外。新技术对我们生活带来的改变超出了我们大多数人的想象，在新经济时代，传统产业中强者越强的"马太效应"现象被彻底改写了，因为经济发展的驱动力被颠覆了。传统时代经济发展的原动力和驱动力是规模和范围。规模就是做到最大，范围就是做到最广，由此来提高门槛让竞争者很难进入，但现如今，你企业的单独规模再大，也没有以互联网搭建起的平台大，你企业的产品覆盖率再广，满足不了消费者的独特需要，照样得不到市场的认可。与此同时，由行业破坏者引发的产业变革和商业模式创新方兴未艾。于是，那些掌握着产业竞争规则的行业领先者惊奇地发现，当你正在一路欢歌，埋头前进时，你却突然被一颗不知何方的子弹击中。后发者从暗处向你发起了进攻，他们不断侵占你已有的市场，竞争优势瞬间丧失。过去大家熟知的竞争规则突然间就不管用了，市场迅速瓦解，产业新贵成了主角。于是，行业中的领先者就这样被击中，可悲的是，领先者往往看不到打死他们的那颗子弹长什么样。

举个明显的例子，虽然亚马逊公司已经成功地促使美国读者购买电子版本的书籍多于纸质的传统书刊，但是苹果 iPad 及后续窜起的平板电脑却大量"覆盖"了电子书的功效，除了给予用户阅读方面的享乐，更提供多媒体互动娱乐的价值，如游戏、视频、音乐等。又如，曾经稳坐手机产业大佬位置的诺基亚、摩托罗拉、索尼爱立信，他们的天敌竟来自毫不相关的产业（如线上搜索产业的谷歌），而且所带来的威胁已不是硬件制造这么简单，而是生态圈形态的全面包围。在新模式不断颠覆传统的时代，音乐产业已遭到来自非音乐企业（如苹果）的颠覆，手机短信功能遭到非移动运营商（如腾讯微信）的取代，机票酒店商遭到非旅游业者的压迫，电视台的角色遭到跨界业者（如优酷）的取代，即时通信软件遭到微博替代，信用卡受到手机钱包的挑战等，类似的例子简直是层出不穷。

在消费电子产品、软件和零售等信息密集型行业中，我们已经看到了这种全新的破坏性冲击。其实，其他行业也不能幸免。因为信息正成为很多行业仅存的竞争领地，比如汽车、金融服务、教育、食品及其他日用品行业。

目前，就连硬资产企业也受到了一定的冲击。比如，打车软件就对业已成熟的出租车和豪华车服务业构成了威胁。从出身看，这类创新者往往受训不多，甚至是毫无商业经验的初生牛犊——套用一句俗语，它们完全不按常理出牌。创新者们总是在积极寻找生产低质量替代品的颠覆性技术。它们通常的做法是，先从低端客户入手，然后打入主流市场，之后随着技术日益完善，提升竞争力。而今，技术平台的发展令大规模传播在瞬间完成，而且消费者也能通过最可信赖的渠道获得近乎完美的市场信息。或许可以这样说，人类的商业行为在过去极短一段时间内，已经与数千年来的商业惯性脱钩了。面对这样的竞争局面，仍然躺在原来的思想席梦思上悠然自得，所面临的后果自然可想而知了。

现在我们已经感受到，依旧停留在工业经济时期传统商业模式，正受到前所未有的挑战，企业需要面对的不仅仅是来自行业的市场争夺，有可能哪天一不留神，一些以前不曾关注，与行业没有关系的外行可能猛然跨界夺走你的客户、市场，在这样的时代商业价值重构中，企业需要的是经营思维的转变，抛弃过去的企业边界、行业边界及市场边界，通过开放、融合、跨界等方式重新建立企业价值网络。

网易丁磊养猪、联想柳传志种桃、潘石屹种苹果、刘强东种大米、马化腾卖海参，等等，开始人们还在以一种娱乐的心态来报道。但近一两年，跨界这个词在资本市场与实业界出现的频率越来越高，苏宁转型成为电商了，雷军把小米培育成"大米"了，互联网企业开始养各类"宝宝"了，马云移情"菜鸟"，投资足球了。这时候我们发现，跨界已经不再是玩票，事实上，各大佬也或在各个领域尝试着开辟另一战场，建立下一个商业王国，或在为自己现有的商业王国添砖加瓦，或在积极向新兴经济转型升级，更为重要的是，就我们所能观察到的现象，跨界与融合，将会是中国经济升级的大势所趋。

努力成为"下一代"

在 2015 博鳌亚洲论坛上，在一场关于颠覆式创新的跨界对话中，奇虎 360 董事长周鸿祎认为苹果手表不算颠覆式创新。而对于苹果手表售价，奇虎 360 董事长周鸿祎直言太贵，"我买不起"。周鸿祎认为，颠覆式创新要么是颠覆商业模式，要么是用户体验的颠覆。周鸿祎反问主持人："你会愿意花 1 万多元买一个每天都要充电的手表吗？"

在周鸿祎看来，颠覆式创新最重要的是把很麻烦的事情变得简单，这未必是技术上的颠覆性进步，因为很多产品都算不上技术的进步。他举了手机相机的例子，现在人们都愿意用手机拍照不是因为它的拍照效果比数码相机好，而是因为方便。他认为，如果要做颠覆式创新还是要回归人性的问题，因为人的本性总是懒的。而这种创新是不能用市场份额来衡量的，这就像在智能手机火起来之前，谁都不知道智能手机会到今天的这个体量。他提到，当一种颠覆式创新出现的时候，其实开始会被很多人认为不完美或者怀疑，甚至颠覆者自己都没有意识到。对于大公司而言，周鸿祎认为进行颠覆式创新非常难。"这已经不是沈南鹏所说的左右手互搏了，我觉得还要再夸张一点，是练葵花宝典。"他提到，诺基亚在苹果手机之前曾经研究过触摸屏技术，但诺基亚觉得这个技术如果要实现，对当时的诺基亚产品线影响太大了。"怎么把自己的包袱砍掉，这是大公司的最大问题。"周鸿祎说。

管理学大师彼得·德鲁克曾经说过："当今企业之间的竞争，不是产品之间的竞争，而是商业模式之间的竞争。"所谓的商业模式主要是指顾客价值的定义、传递、获取的整个过程。这个全新的商业模式和我们以往所熟悉的商业模式最大的不同在于，不再是关于成本和规模的讨论，而是关于重新定义顾客价值的讨论，关注顾客价值及其持有成本。将客户进行小众化细分，始终把目标客户的需要和期望视为最重要的，并尽力识别和理解最终顾客的需要和期望，作为决策的主要依据。在此基础上，更需要了解顾客的持有成本，要让顾客能够以最低的成本来持有你所提供的产品，就如苹果一样的理念"革命性的产品，令人意想不到的价格"，当然，苹果也凭借这样的理念，将诺基亚赶下手机领域第一的位置。

商业经营是一套整合过程，重点是要让目标客户产生足够的兴趣，让目标消费群达到与产品诉求一致的重合，这样才有人自发自愿地快乐参与。还有哪个手机品牌像明星一样被追逐？恐怕只有苹果。"苹果迷"们追逐苹果的各种产品，常常忘我地向周围的人炫自己的爱机，亲自演示，交流使用心得，炫耀爱机的个性配件，甚至走到哪里都拿着个 iPhone。诺基亚手机的用户往往被苹果重新定义为保守派的象征，如今，在"丰饶经济时代"下，产品功能极易被模仿，诺基亚的质量保证也必将被苹果时代的个性化所冲淡，苹果没有和诺基亚在同一个方向上竞技，诺基亚之前过分强调产品功能价值，但随着时代的变迁及顾客需求的变化，没能重新定义顾客使用价值，换句话说，如果你在某个领域做不到第一，换个方向你就是第一，曾经一流品牌也只能望洋兴叹。所以说，满足于做第一名、第一个已经不够了，现在要努力做"下一代"，才有更好的前景。当然，要做"下一代"就要敢于和勇于试错。

马云曾经有一篇激动人心的演讲，题目就叫做《成功取决于你试错的速度》。"今天很残酷，明天更残酷，后天很美好，但绝大部分人会死在明天晚上。"在互联网陷入寒冬的时候，马云曾经告诉创业者们，创业之路充满艰辛。马云的创业人生就是在试错中修正的最好体现。从他1995年辞去大学教师的职业下海创办"中国黄页"，后来被迫离开黄页创办阿里巴巴，再到阿里巴巴取得今天的辉煌成就，这一路上马云遭遇的挫折、困难是难以计数的，但马云凭着"永不放弃"的精神坚持了下来。马云还提醒大家，创业能否生存下来，很大程度取决于它的试错速度，快公司能赶在弹尽粮绝之前，根据试错实践迅速调整、修改、改进，磨炼出可行的商业模式，找到生财之道，这样创业公司才能成活，才有发展的前提。试错，是创业公司的生死考验，是创始人的一场意志和智慧的较量。

一般说来，新产品不可能是完美的，所以，必须经过不断的试错，才能迭代出更佳的形态和性能，不断接近完美。传统的思维是，产品在投入市场之前必须经过充分的设计和内部测试，正如微软，用五六千个最牛的开发人员做每一版的Windows，分成一个个小组，每组配五个人，进行"311"配备——即每3个工程师就要配一个产品经理，一个测试。在这种"最完美"的开发模式中，你几乎不可能犯错。但是，这样的模式显然不是互联网思维，不是因为不够快，而是因为没有用户参与。换言之，这种模式是一种典型的B2C的"埋头生产"模式，而互联网思维应该是一种"抬头看路"的C2B模式。没有用户参与，产品的设计像是一次"独裁式的投票民主"，由技术精英们来决定用户要什么。他们懂技术，但不一定懂用户，不一定接地气。因此，这种和谐的产品是缺乏个性的，缺乏对话的，不会满足用户的个性需求，不会打到用户的心口，不会让用户从"代入"到"爱上"。要有完美的产品，就必须预留产品迭代的空间，这样的"下一代"才能植根于深深的"民意"之中。

第五章 品牌营销竞争利器：
品牌文化与核心价值

一个品牌力量的强弱决定于其文化内涵与核心价值，一个拥有文化的品牌就像一个有内涵、有深度、有故事的人，会巧妙地吸引他人的关注与兴趣。好的品牌文化会让品牌变得有思想、有生命力。品牌的内核、品牌的价值和感召力是一个品牌最为特别和持久的能量。特别是品牌传递出的文化成为品牌魅力所在，即消费者对品牌文化的认同，甚至不亚于产品本身。

现代商业竞争的焦点逐步转移到品牌上，大量统计数据表明，一个企业如果拥有一个强势品牌，那么它的市场份额远远高于其他品牌，而且目前全球40%以上的市场份额是由3%的强势品牌占领着。没有品牌就没有竞争力，没有品牌就没有市场。一个地区是否拥有强势品牌直接影响外来投资者、游客、消费者的决策；而一个企业是否拥有强势品牌代表着可以预期的财富和商业价值，决定着企业在市场中的竞争地位。可见品牌的影响意义深远。

品牌文化与核心价值，是品牌的灵魂，是品牌的魅力，更是品牌可持续发展的核心竞争力。大凡国际著名品牌无不弥漫着浓郁独特的文化气息与核心价值，如奔驰汽车是身份和地位的象征；耐克弘扬永不停息的运动精神；七星代表着日本人的唯美风格；等等。

没有深厚的文化底蕴与核心价值，而靠炒作出来的品牌虽有时也能一时成功，但是不可持久，经不起市场经济的狂风巨浪。如当年的秦池、三株、巨人都是强势品牌，但是红极一时过后结局怎么样——化为泡影结束了品牌的生命。所以说未来的企业竞争是品牌的竞争，而品牌竞争的根本便是文化与核心价值的竞争。

营销是智慧战更是艺术展

众所周知，曾经的乔布斯领导苹果做出了伟大的转变，是他把一个濒临破产的苹果变成了世界上规模最大以及最赚钱的公司。但细细想来，他的硬件似乎并没有那么厉害。他不是一名工程师，写不出一行代码，没有大学和MBA学位，他似乎不是一个传统意义上的优秀的产品经理。那么，究竟是什么让他如此伟大？没错，就是他与生俱来的营销天分。用乔布斯的下属的话来说："史蒂夫是有史以来最伟大的营销人员。"

第一，乔布斯是一个天生的表演者，并且崇尚商业大动作。一个最直接的例子便是1984年的新麦金塔商业广告。像往常一样，乔布斯决定将它做出影响。他雇佣了《ET》和《银翼杀手》的导演雷德利·斯科特，花了90万美元创作了一支60秒的广告，并继续投入80万美元将其投放在超级碗。（当时的170万美元在今天是340万美元）。对于公司来说，这是一个巨大的风险，特别是当你不知道它是否会成功的时候。事实上，当时苹果的董事会讨厌这支广告，一点都不想播放它。终于，苦尽甘来。因这支广告生成的新闻比麦金塔电脑本身都要多得多。

第二，创造极佳的体验。苹果将 1984 年的那次商业活动称为"事件营销"，意思是如果一个活动具有足够的创新性和独特性，那么这个活动本身便会受到热烈的关注。不久之后，乔布斯又做了类似的事情。他花了 250 万美元买下《新闻周刊》一期长达 40 页的广告位。另外，苹果著名的事件营销还有"Think Different"and"I'm a Mac"。最重要的是乔布斯发表的每一个主题演讲，果粉们都会隔夜排队，人气都要敌得过披头士乐队重聚了。一位负责苹果全球营销的前高管表示，乔布斯了解故事的重要性，并将它一次又一次地运用在苹果的商业活动中。"人们都希望感受到一些故事，这就是为什么对于现在的苹果大家有如此多的抱怨。因为现在的苹果没有故事了。"

第三，保守秘密，创造神秘感。人们为苹果的事件排起长队，原因除了乔布斯那摇滚明星般的魅力，更多的是他作为一个悬念大师为粉丝们创造的惊喜，人们认为他总有可能随时公布一些令人惊叹的东西。在苹果产品发布的前几个月，他便将开始透露一些信息。首先是一个提示，然后是谣言，接着又有其他谣言来反驳先前的谣言。这些信息大多数都是误传，但它驱使人们为之疯狂的猜测。但当乔布斯真正向世界展示了 iPhone 之后，人们还是会一直津津乐道它一整年。不断有设计师创建自己的假想版本的苹果手机。乔布斯还有一个著名的梗——"一件事"，就在你以为一个新闻发布会结束快要接近尾声时，他会说，"哦，还有一件事。"然后拿出一个惊艳全场的设计。大多数营销人员都会在一开始就迫不及待地告诉每个人尽可能多的、有关他们产品的信息。乔布斯的所作所为却恰恰相反，他越是保持神秘，就使人愈加兴奋。

第四，找到一个对手。讲故事的第一个规则就是好看的戏剧都需要冲突。也就是说，在营销的过程中，你需要有一个竞争对手。苹果最初的对手是 IBM。然后变成了微软。再然后，乔布斯让谷歌和他的 Android 操作系统站在了新的对立面。在每种情况下，乔布斯给观众的情景设定都是相同的——坏家伙想要接管世界并且摧毁它，而我们可以阻止这一切发生。他将 IBM 定位为一个"想要接管这个世界"的邪恶帝国，这将创建一个 IBM 主导和控制的未来，而苹果是"唯一的希望"和"唯一的力量"，可以确保人们的自由。很多营销人员回避这种修辞。他们害怕会受到反驳和伤害，所以一般表现得像缺爱的孩子，非常希望得到每个消费者的爱。可以肯定的是，创造一个敌人这样的做法绝对是高风险的，特别是如果你选择了一个强大而有力的敌人时。但乔布斯相信，想要卖出商品，你必须首先做出一些行动。如果你想要发起一次革命，你需要有一个用来反抗的对象。

第五，不要过多地谈论产品。1984 年的那支商业广告里并没有出现太多麦金塔电脑的画面。只有在最后十秒才给了麦金塔电脑一些镜头。同样地，"Think Different" 也是一样，广告中压根就没有谈论任何与产品相关的信息，而是暗示什么样的人会被这台电脑所吸引。在"I'm a Mac"广告中，乔布斯用人物代替了产品本身——用两种不同性格的人代表两种不同的电脑。

第六，使用图片，而不是文字。即使在今天，苹果在其网站和广告上都投入了巨大的努力，用尽可能少的文字来表达意思。这种举动的部分原因是为了延续苹果简洁的核心价值，同时也因为乔布斯意识到图像才是更有力量的"说书人"。关于这个，很多人最喜欢的一个例子是 MacBook Air，乔布斯出现在舞台上，从信封把苗条的笔记本电脑拿出来。这一个简单的动作，比千言万语更令人印象深刻。再来看看这支苹果为其拍照功能推出的新广告。在这则一分钟的广告中，唯一出现的营销信息仅仅只是视频结尾处那五秒钟的画外音——"每一天，用 iPhone 拍摄的照片与比其他任何相机都多。"

我们都知道这则格言："少即是多。"大多数人赞同这种观点，尤其当它涉及到文字的时候。但我们为什么不这样做呢？可能因为简洁本身并非是一件容易的工作。正如马克·吐温曾经说过，"如果有更多的时间，我想写更简短的故事"。乔帮主自己就说过："对我来说，营销学讲的是价值观。世界非常复杂，也非常嘈杂，我们没有机会让大众牢牢记住我们，没有一家公司能做到这一点，因此，我们必须把想让别人记住的事说清楚、讲明白。"根据他的一系列营销做派，我们应该相信，他已经"把想让别人记住的事说清楚、讲明白"了。

长青品牌的基因——品牌文化

　　具体而论，品牌至少要有两种功效，一种是物质功效，满足消费者的物质需求；另一种是精神功效，满足消费者的心理需求。在消费水平日益上升的今日，人们对文化的要求也相对提高，文化渐渐成为人类精神的栖息地。同时还不仅如此，就其实质而言，文化也是品牌的灵魂，而且是长青品牌的主导基因。在越来越激烈的市场竞争中，文化渐渐成为市场竞争的主要导向。企业要竭尽全力为品牌插上文化的翅膀，使其尽展文化魅力，徜徉于文化的海洋，享受文化带来的利润。

　　咖啡为何一直受到人们的追捧与欢迎，成了一种时尚的休闲饮料，星巴克、雀巢等众多咖啡品牌风靡全球，其原因在于人们对咖啡文化的传播与传承。随着第一粒咖啡豆被采摘、第一次焙烤、第一次研磨、第一次冲调和第一杯热咖啡醇香的飘散，咖啡文化就在世界上流传开来。咖啡文化不仅在于它历史悠久，更在于它是生活方式的表现，欧洲人喝咖啡很有情调，阿拉伯人喝咖啡很讲究，美国人喝咖啡追求自由舒适。喝咖啡讲究环境和情调，星巴克等咖啡品牌表现出来的是优雅的情趣、浪漫的格调和诗情画意般的境界，逐步成为其品牌长盛不衰的核心基因。同样，香水被视为一种能传情达意的物品，一直为男人和女人们所倾倒。其生产成本并不高，但价格却很高，好的香水更是一种奢侈品，例如，香奈尔 5 号已经是许多时尚女性梦寐以求的香水品牌。香奈尔 5 号之所以受到众多女性的钟爱，不仅因为它特有的香味，更在于包含在香水中的文化韵味。

进一步来说，很多香水品牌的产生都伴随着多种美好的传说，制造香水本质是制造一种耐人寻味的文化，换句话说就是制造"品牌典故"。例如，娇兰香水通过挖掘产品的诞生过程，找到了自己的美丽传说并将之作为自己的"品牌典故"：传说印度大帝沙杰罕极宠爱他的妃子泰姬，这位在他的王国里呼风唤雨的帝王，依然如世间任何平凡男子般，竭尽所能地希望博得美人欢心。为此，他下令建造了许多美丽的花园，在这里，他与泰姬携手漫步，浅吟低语、倾诉爱意，在这个他深深迷恋的女人眼中，他发现了另一个更美丽的世界。这些留下两人足迹的花园，就被命名为 SHALIMAR。SHALIMAR 是梵文，原意为爱的神殿。帝王与他的妃子已随着岁月消逝，但是浪漫的爱情故事却成为美丽的传说。香水大师 JACQUESGUERLAIN 在这个美丽传说中找到了灵感，创造出 SHALIMAR。娇兰借助这个"品牌典故"，很好地表达了这样的品牌特征——诞生于爱情之中的香水才是情人最好的礼物，同时也表达了香水有着十分神秘的东方气息，适合具有东方女性传统却略带神秘的女性。

那么，如何来具体打造品牌的文化基因呢？这里以笔者曾咨询服务的聚仕通为例。聚仕通隶属于浙江朗佑医药控股集团公司。而作为一家专注于营销型学术推广的医药公司，朗佑控股在大环境的影响下也同样面临着传统医药销售的生存窘境。朗佑控股的创始人何勇先生在创业过程中有着诸多的传奇故事，对契约的重视与坚守是他获得成功的根本，他始终奉行责任、专注、分享的核心企业文化精神。正因如此，传统医药销售过程中诚信的缺失也是他看到的最大问题。在营销时代，随着竞争越来越激烈，如何进行品牌定位、整合资源，形成自己的品牌文化与特色，成为何总的思考重心。为了顺应互联网时代的趋势，实现经营模式的变革与创新，朗佑控股打造了聚仕通平台。聚仕通是一个立足大健康产业，依托大数据分析，实现营销各环节投入产出比最大化的精准营销综合互联网医药平台，公司以策划为主轴，围绕产品、人才、数据三个维度进行，凭借互联网的端口工具将各方资源对接融合，通过线上线下结合，达到多方互享共赢，进而让广大医药销售从业者找到归属感；聚仕通提出了"仕为契约者战"的豪迈口号，并且成为整个团队行动的导向标。

的确，人类的契约精神源远流长，最早可追溯到古希腊，亚里士多德的思想对后世的契约理论影响深刻。亚里士多德在伦理学中关于正义的论述，蕴含着丰富的契约思想，亚氏提出交换正义的概念。交换正义是人们进行交易的行为准则。不得损人利己是交换正义的基本原则，现代契约精神是从自愿交易理论推演而来的。等价交换原则与慷慨理论，在适当的时间以适当的数量，对适当对象施行财物上的给予，恪守允诺。可以说，在商品社会，私人交易之间的契约精神，对商品经济的发展有着至关重要的作用。

契约信守精神是契约精神的核心精神，也是契约从习惯上升为精神的伦理基础。在契约未上升为契约精神之前，人们订立契约源自彼此的不信任，契约的订立采取的是强制主义，当契约上升为契约精神以后，人们订立契约源于彼此的信任，当契约信守精神在社会中成为一种约定俗成的主流时，契约的价值才真正得到实现。

如今，聚仕通正在聚集各方包括有德之士在内的优质资源，开始自己的梦想经营之旅。

　　世界如此斑斓，精神的渴求永无止境，点缀生活美好，品牌也不例外。给品牌添加文化色彩，揉入文化功能，丰富文化底蕴，品牌便具有了企业神往的价值。所以，企业应该用智慧为品牌注入独具个性而又恰到好处的文化内涵，提高品牌的文化价值，让品牌拥有强盛的核心基因。

品牌就是个性化与差异化

　　现代社会品牌的差异化是在产品高度同元、同质化的情况下，企业为了寻求在竞争激烈的市场上有所突破并使企业在市场上形成有力的竞争。以品牌的差异化打造企业在市场上的领先地位，它自身的目的是满足消费者的个性化需求，最终还是为消费者创造便利的条件、舒适度及利益。品牌差异化的主要目的是在消费者的观念里有一定的位置，用来区别其他同类商品的市场和地位。在经济飞速发展的时代，消费者的需求也在不断发生变化，一个品牌要发展壮大，就要不断创新，要根据市场变化，随时调整自己的发展战略，寻找新的发展契机，否则就会被消费者认为是过时的、落后的品牌，被消费者抛弃。所以企业应以市场为导向，对品牌不断更新，即通过技术进步、产品更新、品牌再定位和进入市场等方式，不断为品牌注入活力，使品牌不断发展。

　　个性化形象最能表达一个品牌与其他品牌之间的差异性。个性化形象品牌设计能够增强企业竞争能力，同时可以保护自家品牌，不至于在时代的潮流中慢慢消失。在科技快速发展的今天，市场竞争日趋激烈，"品牌"两个字如魔咒般反复出现，似乎所有的企业都发现建立品牌才是企业可持续发展之路。然而，他们心目中的"品牌"和原来的招牌差不多，类似于名字、商标，仅仅是个符号。事实上，品牌绝非包装，而是一家企业灵魂的外在表现形式，并且一开始就要介入企业或产品最核心部分的规划与改造。个性化品牌形象有时能代表特定的生活方式和价值观念，而这些刚好可以与消费者建立起情感联系。个性化品牌所倡导的生活方式，既要与产品的特色相适应，又要能引发符合目标消费者个性欲求的情感联系，如浪漫、清新，最终目的是激起消费者的购买欲。

个性化品牌形象最能代表一个品牌与其他品牌的不同。如果一个品牌不具有独特性，是很难在众多行业中脱颖而出的。个性化品牌形象在当今市场竞争中占据最重要的优势，会在消费者脑海里留下很深的印象。把品牌比喻成人，其实很恰当，品牌的名称就是品牌这个"人"的名字。这样一来，品牌的形象立刻活了起来。当消费者听到或者看到这个牌子的时候，就像听到一位老朋友的名字，立即联想到他的长相、性格、行为等。同时，个性化品牌越单纯，就会越深入人心。就像人一样，复杂的性格总是给人一种难以捉摸的感觉，让人无所适从。相对于两面人或者多面人，大家更喜欢的是始终如一的人。因此，品牌建立的重点在于树立鲜明的个性。

品牌给人的第一印象大部分来自感性，少部分来自逻辑思维。大部分时候个性化品牌带给消费者的是一种感觉，如今的消费者对于品牌的期待是——贴近个人，能够实实在在地满足他们的需求。这种期待，对于处于品牌形象探索期的企业来说是一个重大挑战。因此，情感是塑造成功品牌的重要途径，以此来扩大消费者，形成强大的感染力。这样更能贴近社会，贴近人们的消费需求，将二者之间的联系做到了最佳。

那么，塑造个性化品牌形象的方法有哪些呢？我们大致总结如下：

一是清晰定位。个性化品牌与定位密不可分，这个焦点在于寻找个性化品牌特征与顾客需求之间的交叉点和平衡点。也就是说，定位不是在产品本身，而是在顾客的心底。"定位是你对未来的潜在顾客心智所下的功夫，也就是把产品定位在你未来潜在顾客的心中。"

首先需要做的是收窄产品的销售对象定位。人们也许会诧异，不能理解为什么收窄市场反而更容易成功。这个原因在于，特定的消费群需要有针对性的特定产品，消费者获得心理上的认同才会去购买，如果"男女通吃，老少皆宜"反而会丧失有效顾客群，结果得不偿失。产品定位，需要结合所在地域人们的思维、生活方式等。21世纪是个性化品牌时代，无论什么样的设计，想要建立个性化品牌形象，必须结合当下所处的环境。历史、文化因素决定了产品的设计风格，同时设计必须符合大众的审美认知，必须被当地的人所接受、所认可。个人树立个性化形象品牌的典型代表是周杰伦，2003年美国《时代周刊》把其作为亚洲版的封面，他能如此走红，让西方人觉得很奇怪。周杰伦巨大的影响力与其个性化品牌建设密不可分，他始终坚持中国传统文化这个定位，创作大多围绕中国古诗词进行，曲风悠扬，歌词优美，符合中国人的审美观念，有着厚重的群众心理基础。

二是开发品牌个性。塑造个性化品牌形象，首先要选准不同点，也就是与众不同的地方。一个Logo如同一个人的名字，视觉元素的DNA就代表了一个人的行为。如果你仅仅拥有一个好名字或者好Logo，而展示不了任何视觉品牌形象，那么在市场上消费者根本不能分辨出这个产品。因此，企业需要开发品牌个性，对品牌进行个性化创新，满足消费者心理需求。例如，"某记"甜品店第二代设计是以五只"甜品怪兽"做代言人，当时正值SARS来袭，当时无线电视剧《天与地》中说"Hong Kong is dying."这句话印在了很多香港人的脑海，利用这五只怪兽来做代言，是一种自嘲式的黑色幽默。

怪兽们大肆破坏香港旧街，营造出电影的大场面感觉，使品牌的个性特色更加突出。

三是强化视觉与包装。心理学研究表明，人对于图形表现出较强的记忆力。一个产品的视觉与包装，不仅为产品本身的销售提供便利，还可以体现不同品牌的个性，突出其个性化的品牌形象。例如，麦当劳"M"形状的门，还有其"代言人"麦当劳叔叔，让人一看就知道他是一个有趣的甚至是滑稽的人物，像马戏团里的小丑，是快乐、开心的象征，而这些为消费者心中注入了温馨、舒服和信任的情感成分，容易让人产生亲近感。

四是打造人性化服务。打情感牌来树立个性化品牌形象也是很有必要的。消费者对品牌都有潜在的期望，一旦接触到这个商品的信息，形成了对品牌的基础印象，就会影响消费者对该品牌的态度。所以说消费者是带着情感的，企业只有去认识他们并与之真诚沟通，才能了解到消费者的不同需求，实现"以人为本"的服务。个性化品牌，也正是以"让生活变得更美好"为目标的。例如老牌子海尔的"真诚到永远"，诺基亚的"科技以人为本"，全球通的"沟通从心开始"，等等，这些企业就是树立了极具人性化的服务理念和态度，才使品牌形象享誉全国且经久不衰。

核心价值的寻找才是品牌经营的根本

所谓品牌的核心价值，是指品牌承诺消费者的功能性、情感性及自我表现利益，它让客户和消费者明确、清晰地识别并记住品牌的个性和特点，是驱动消费者认同、喜欢一个品牌的主要力量。品牌的核心价值是品牌的精髓，是一个品牌区别于其他品牌最为显著的特征，一个品牌最中心、最独一无二、最不具时间性的要素通常表现在核心价值上。

综观国外杰出品牌，这些品牌虽然在行业特征和产品沿革上不尽相同，但它们无一例外地有一个共性，那就是它们的品牌都拥有与众不同的价值观。如劳斯莱斯轿车的核心价值是"皇家贵族的气质"，劳力士手表的核心价值是"成功、尊贵"，登喜路服饰的核心价值是"贵族的、经典的"，香奈尔香水的核心价值则是"时尚的、浪漫的"，奔驰的核心价值是"尊贵坐享"，宝马的核心价值是"驾驶之乐"，而沃尔沃的核心价值是"安全"，舒肤佳的核心价值是"有效去除细菌，保持家人健康"。

忽视品牌核心价值塑造，乃是中国品牌建设的一大误区。改革开放以来，中国经济发展迅速，涌现了许多品牌，但像海尔、联想这样的强势品牌很少，不少品牌利润很低或陷入亏损的境地。如浙江素有拉链之乡的美誉，有几百家拉链企业，在全国乃至世界服装市场上占据着举足轻重的地位，其中一些企业为外国服装采购商和品牌商配套生产优质的拉链。但在这个中国甚至世界最大的拉链产业基地里，却找不出一个在国内和世界市场上有一定影响力的拉链品牌。日本吉田公司生产的 YKK 拉链一米能卖到 15 美金左右，而国内品牌企业生产的拉链一米只能卖到 7 角人民币左右。为什么中国就不能创造出得到国际市场认同的品牌呢？原因在于中国大多数企业缺乏品牌运作的科学规划，一谈到品牌塑造，往往简单归结为大规模广告和促销，忽视对品牌核心价值的定位和维护。那么，如何寻找和提炼品牌的核心价值，过程中应该遵循怎样的原则呢？

品牌核心价值提炼原则之一——高度的差异化。开阔思路、发挥创造性思维，提炼个性化品牌核心价值。一个品牌的核心价值与竞争品牌没有鲜明的差异，就很难引起公众的关注，甚至很快会石沉大海，更别谈认同与接受了。缺乏个性的品牌核心价值是没有销售力量的，不能给品牌带来增值，或者说不能创造销售奇迹。高度差异化的核心价值一亮相市场，就能成为万绿丛中一点红，以低成本获得眼球，引发消费者的内心共鸣。差异化的品牌核心价值还是避开正面竞争，低成本营销的有效策略。

品牌核心价值提炼原则之二——富有感染力。深深触动消费者内心世界的一个品牌，具有了触动消费者的内心世界的核心价值，就能引发消费者共鸣，那么花较少的广告传播费用也能使消费者认同和喜欢上品牌。

品牌核心价值提炼原则之三——核心价值与企业资源能力相匹配。尽管传播能让消费者知晓品牌的核心价值并且为核心价值加分，但品牌核心价值就其本质而言不是一个传播概念，而是价值概念。核心价值不仅要通过传播来体现，更要通过产品、服务不断地把价值长期一致地交付给消费者，才能使消费者真正地认同核心价值。否则，核心价值就成了空洞的概念而已，不能成为打动消费者的主要力量。而企业的产品和服务需要相应的资源和能力的支持，才能确保产品和服务达到核心价值的要求。因此，核心价值在提炼过程中，必须把企业资源能力能否支持核心价值作为重要的衡量标准。

品牌核心价值提炼的原则之四——具备广阔的包容力。由于无形资产的利用不仅是免费的而且还能进一步提高无形资产，所以不少企业期望通过品牌延伸提高品牌无形资产的利用率来获得更大的利润。因此，要在提炼规划品牌核心价值时充分考虑前瞻性和包容力，预埋好品牌延伸的管线。否则，想延伸时发现核心价值缺乏应有的包容力，就要伤筋动骨地改造核心价值，意味着前面付出的大量品牌建设成本有很大一部分是浪费的，就像市政工程中造路时没有预设好煤气管线，等到要铺煤气管道时必须掘地三尺，损失有多大可想而知。

品牌核心价值提炼的原则之五——有利于获得较高溢价。一个高溢价能力的品牌核心价值与品牌识别有如下特点：一是功能性利益有明显优于竞争者的地方，如技术上的领先乃至垄断、原料的精挑细选、原产地，像沈永和黄酒的始创于清朝康熙年间，拥有百年酿酒工艺。二是在情感型与自我表达型利益方面要突出"豪华、经典、时尚、优雅、活力"等特点。

在笔者所辅导的众多企业中，有一家上海宏勋机电有限公司，这是一个专业从事高档娱乐麻将机及配套产品研发、生产与销售为一体的综合性企业，因为寻找和提炼出了其品牌的核心价值，现在已经成为目前中国最具实力的麻将机企业之一。

宏勋公司组建于 2002 年，短短的 13 年时间，宏勋在麻将机产业迅速崛起。早期以做产品代加工在业内闻名，被誉为"麻将机行业的富士康"。2006 年开始拥有自主品牌"宏勋"。宏勋旗下拥有尊宝 330、530、730、X5、X6、简爱等系列产品，秉承"把产品做给父母"的态度，在市场竞争异常激烈的今天，宏勋依然完成了全方位、多层次的市场布局。目前，公司已在国内 31 个省、市、自治区设立分公司，400 多家地市级专卖店和近 53 万终端消费者。

企业掌舵人陈志琪先生是军人出身，他刚正不阿、不畏艰难、勇往直前的鲜明性格影响着企业和团队的性格。麻将是我们的国粹，是现代人们娱乐文化生活的重要组成部分，而健康开心娱乐是根本，所以我们提出了"正品宏勋，娱悦我心"的核心价值诉求。以"好产品，好心情"来诠释这句话也是最好不过的。还有，我们在核心价值诠释上提出"三正三品"的概念，在行业风气不好的前提下，树正气、修正道、成正果，在行业产品品质危机中率先做到，品行端、品质好、品位高。宏勋恪守"正品宏勋，娱悦我心"的核心价值观，构建出其独特的企业文化，奠定了企业永续发展的动力。明确的目标、周密的计划、快捷的执行力，是宏勋人工作的标准。宏勋一直为中国娱乐科技产品而奋斗不息，最终为了塑造中国人自己的高端品牌，带领中国麻将机走向世界，打造世界一流的麻将机企业。

如今，宏勋已发展成为具有影响力的大企业，在研发、生产、销售都居行业前列。宏勋拥有自己的产品研发团队，产品获得60多项国家专利。又与专业的国际公司达成合作，共同进行新品研发。公司率先引进国际最先进的质监系统，全面贯彻 ISO9001：2000 质量体系，并积极实施"全面品质管理"，使产品性能、质量都领先于同行。2013～2015 年连续三年被评选为"行业十大品牌"、"2015 十大最佳用户满意度品牌"、"2015 十佳技术贡献奖"等多项大奖。2015 年 3 月，上海宏勋机电有限公司被上海文化用品行业协会麻将专业委员会评为副会长单位。

2016 年 1 月 24 日，宏勋总部携手全国 19 个分公司及 40 家供应商在上海索菲特大酒店联合召开"2016 宏勋全国市场发展白皮书"发布会，在行业内引起轩然大波。这次发布会确立了一个理念、两个坚持、三种职能、四个落实、五个申明，成为 2016 年宏勋全国市场发展的工作准则。

我们认为，品牌核心价值一旦确定后，要以水滴石穿的定力加以维护，十年、二十年，乃至上百年的品牌建设过程中，始终不渝地坚持这个核心价值。在漫长的岁月中以非凡的定力去做到这一点，不被风吹草动所干扰，让品牌的每一次营销活动、每一分广告费都为品牌做加法，起到向消费者传达核心价值或提示消费者联想到核心价值的作用。久而久之，核心价值就会在消费者大脑中烙下深深的印记，并成为品牌对消费者最有感染力的内涵。

高溢价是品牌生存的基础

众所周知，品牌产品不同于普通产品，因为品牌产品的价值度远远高于普通产品。同时，品牌产品较普通产品也具有高溢价。我们可以换一个角度来说，高溢价也是品牌生存的基础，没有高溢价也就自然谈不上品牌了。

那么，品牌的高溢价来自于哪些方面呢？我们大致可以表现为以下几个方面：

第一，对产业标准的高端项目的占领，因此高价值品牌的技术标准苛刻于其他品牌。

第二，在行业中销售利润率较高，在规模性的市场占有率也许不高，但相对销售利润率较高，据统计，高价值品牌产品比美誉度的品牌产品销售利润率高出15%以上，更高的超出60%以上。

第三，品牌的号召力强大，被消费者"认知并崇拜"，在消费群体里，对高价值品牌产品产生"即时购买"和"潜在购买"的比率很高。

第四，品牌的价值炫耀性高，所谓"品牌价值炫耀性"是指对销售的目标受众产生高度炫耀的价值，目标受众能够以拥有这个品牌而产生相应的心理满足，以此为炫耀和"体验快感"。在中国市场上销售的具有"品牌价值炫耀性"的产品如奥迪、宝马汽车、海尔空调、欧米茄手表，万宝龙钢笔、老板油烟机、奥普浴霸、索尼彩电等。

而要打造一个品牌的溢价能力，其实主要是通过整套的围绕品牌核心价值的品牌识别体系与整合营销传播手段来进行的。

　　一是建立高溢价品牌的核心价值。高溢价品牌的核心价值，必须要建立起在目标消费群心智中的独特高区隔的能打动消费者内心的联想与认知，而这种联想是稀缺的联想。正如浪琴表的品牌核心价值是"优雅人生"，这种给消费者的联想是稀缺的，大多数人可能并没有优雅的人生，这种联想是消费者所向往的，所以能打动消费者的内心世界，而如果有一个手表品牌把品牌核心价值定为"平凡生活"，这种给消费者的联想一点也不稀缺，大多数人都是平凡地生活，所以这样一个品牌肯定就只适合作为大众品牌，而产生不了品牌溢价。还如青岛啤酒的品牌核心价值是"激情成就梦想"，这种给消费者的联想也是稀缺的，大多数人都是平凡地生活，有梦想能成就的又有多少，当这种稀缺的联想被注入到并不稀缺的啤酒中时，青岛啤酒给消费者的联想也就稀缺珍贵了，所以同样也能产生品牌溢价。

　　二是打造高溢价品牌的产品识别。

　　（1）稀缺产品的特色。如肯德基就有"炸鸡五分钟内没有卖掉就丢弃以保证食品的新鲜"的产品特色识别，这给消费者的联想是稀缺的，所以中国消费者会认同肯德基的鸡块价高，如果当国内所有的炸鸡都有这样一个产品特色，消费者就不再会认同这样一个高价的鸡块。

　　（2）稀缺产品的品质。如产品的品质识别，如 GE，摩托罗拉等国外企业所传播的六西格玛的质量标准，在消费者大脑中的联想也是稀缺的。当初多少年前海尔主要靠炒作与传播产品品质来获得溢价，因为当时电器行业中好的品质是稀缺的，而如今海尔对受众一直在传播服务，因为现在好的服务是稀缺的。

　　（3）定高价。如产品的档次识别，主动定高价也能一定程度来引导消费者，让消费者从价格上就直接认知这个品牌是大品牌。如海尔电器的价格总会比同类同质的产品品牌要高一点；如上海的中华烟总是会每年略微提价，并且一直保持高价位；如近年白酒品牌剑南春也在主动提价；而相反主动降价的品牌都会慢慢失去品牌溢价能力，甚至把品牌做死。比如以前的玉溪烟和中华一个档次，但却自己主动降价，现在只有20多块钱一包，成为了中档烟；再如派克钢笔以前推出低价钢笔，马上就把自己的品牌档次给拉下来。正如宾利哪天如果推出低档车，我想英国女王肯定是第一个换车的人，因为宾利已不再稀缺，英国女王脑海中没有了对宾利稀缺的联想。

三是打造高溢价品牌的企业理念与文化识别。一个好的有魅力的企业理念能够吸引人的心，让人忘记价格。正如劳斯与莱斯两个人当年所说，我们要造出世界上最好的车，于是劳斯莱斯的豪华车以此为企业理念；正如大众汽车的创始人当年所说，我们要让德国每个公民都开上车，于是甲壳虫出现了，现在在中国竟然还卖30多万元一辆；主义虽然已经不再被传播，但最终真正能够得到最高溢价的手段是以一个主义去领导消费者的心。

四是打造高溢价品牌的气质识别。高溢价品牌的气质是稀缺的气质。正如宝马汽车，给人一种潇洒与休闲感，现在这个社会活得很累的人是多数，而潇洒与休闲感正是一种稀缺的联想，是一种向往；正如百事可乐给人一种时尚与刺激的感觉，因为时尚与刺激的生活其实也是稀缺的，大多数人都还是在平凡中，而非常可乐不仅不非常，反而给人很土气的感觉，所以就自然没有品牌溢价；再看乐百氏和娃哈哈，乐百氏洋气与优雅，娃哈哈却土气，所以乐百氏的品牌溢价能力肯定比娃哈哈要高，因为在中国，洋气与优雅是稀缺的，如果哪天大家都洋气了，那就可以去卖土气做品牌溢价了，正如现在很多城市都有土菜馆。

五是打造高溢价品牌的成长与创新识别。时代是不断进步的，任何一个产品今天稀缺，明天可能就普及了，所以要打造品牌的高溢价，一定要使产品与品牌形象有成长性与锐气和活力，除非是古董的品牌如齐宝斋。正如苹果品牌，不论是苹果电脑还 iPod 都让消费者联想到的是最好的、最创新的，所以苹果电脑价格是联想的好几倍，而 iPod 更是爱国者 Mp3 的不知多少倍；正如 Swatch 手表，简单的一块塑料石英表，除了在消费者心理有时尚的联想外，更重要的是它的设计是不断结合时代的潮流推陈出新的；正如长虹"精显"的推出马上就一改其僵化与衰退的形象。就算在产品上没有多少创新能力，在传播上也要让消费者感知到品牌是在不断成长与创新的，如爱多 VCD 的"我们一直在努力"，新飞冰箱的"没有最好，只有更好"，都是这样一个思路，这样才能创造出品牌溢价。毕竟，成长与创新是大多数人所不具备的，是稀缺的，是向往的。

当然，将品牌核心价值真正刻入人的大脑之中是需要很长时间的，所以必须要坚持，只要你坚持自己的品牌核心价值，并使企业的整体价值活动都围绕这一主题展开。做人，做企业，做品牌，只要真的有信心，执着，找到自己品牌在消费者大脑中稀缺的金矿，坚持再坚持，意识中的金矿有朝一日肯定会变成现实中真正的金矿。

品牌经营是门大学问

品牌既然能起到传递本企业或本品牌的产品及经营理念的作用，那么品牌就是有境界的。可以说，品牌附加价值的高低、品牌运营的成功与否、品牌气度的高雅低俗、品牌内涵的大小都和品牌的境界大小有关。

首先品牌是由特定的品牌主创立的，创立品牌伊始品牌主即给予这个品牌贯以自己的思想主张和精神意志，希冀这个品牌表达品牌主的一种经营思想和人文境界；其次品牌在市场营销发展中不断的成长、壮大，也包融进了特定的历史时期的人文思想，如一个成功的优秀品牌的成长过程已不仅仅是品牌创始人的思想主张和精神意志，它在成长中受到消费者的认可、要求，并和竞争对手比照，吸纳众多的合理元素。

谈到品牌的境界，我们认为可分以下几个层次：

第一层次的境界为品牌的知名度，品牌的知名度是指一个品牌被消费者所能动认知的程度，即在众多的品牌中，消费者能对某个品牌知道、记住、拥有第一提及的比率，以及不易遗忘，等等。在中国市场有相当知名度的品牌很多，如红旗、捷达轿车，美的、科龙空调，上海手表，杉杉、罗蒙西服，万家乐热水器、创维彩电、帅康烟灶等。品牌的知名度是品牌在一个具体的市场生存的前提条件，因为知名度很低的品牌产品在一个具体的市场往往不被消费者购买，或牺牲很大的品牌溢价购买，或销售量很小，品牌主获利很少或无法获利而亏损。处在这个层次的品牌境界，就要在迅速扩大品牌的知名度的同时，通过各种形式的品牌形象传播去快速建立品牌的美誉度。

第二层次的境界为品牌的美誉度。品牌的美誉度是在品牌的知名度的基础上建立起来的，指市场和消费者对这个品牌能动的价值认知，对品牌文化或品牌服务行为的赞美程度。主要表现形式是消费者通过自觉的、快速的购买行为和传播行为来体现。如消费者首选购买品牌产品、重复购买品牌产品、主动向他人口碑传播品牌、对该品牌产品的赞誉等。品牌的美誉度一旦建立，将会减小品牌产品进入市场的阻力、降低市场营销成本，扩大品牌产品的销售量。有资料统计，在相关品类产品中，具美誉度品牌的销售量比仅有知名度的品牌高出 6%～9%，同等机型产品具美誉度品牌的销售价值比仅有知名度的品牌高出销售价值约 12%。在商业社会中，具美誉度的品牌还不完全算是行业的强势领先品牌，因此处在这个层次的品牌境界，就要在巩固品牌的美誉度的同时，再通过品牌质的飞跃，让品牌成为行业的强势领先品牌。

第三层次的境界为品牌的价值度。品牌价值度是指这个品牌在消费者心中的价值地位，即一个品牌被消费者认定为是高价值品牌还是低价值品牌。

境界的不同导致企业的成长不同，发展不同，和品牌给消费者的认知、体验也不同。一般而言，品牌的境界则主要通过以下几方面来体现：

一是品牌精神理念。品牌的精神理念是奠定品牌境界的核心基础，品牌主具有什么样的精神理念就会营造出什么样的品牌境界，这在众多的中外优秀的品牌价值管理案例已得到印证。恰如品牌如人，张瑞敏具有强烈的报国情怀和对消费者的人文关爱，才有可能诞生"海尔、中国造""海尔，真诚到永远"的海尔境界。

二是品牌价值。境界高的企业品牌往往从事创造相对高溢价的品牌，注重对"品牌价值炫耀性"的提炼、塑造，目前在中国的豪华奢侈品牌无不如此，而境界低的企业品牌则热衷于低值品牌，善打价格战。这种现象在中外企业里是泾渭分明的。中国企业对"品牌价值炫耀性"的提炼无术，最典型的例子是"红旗"牌轿车，"红旗"牌轿车拥有极深厚的品牌价值积淀，如果用心营造是可以创造出极富"品牌价值炫耀性"的高价值品牌，但"红旗"车厂缺乏品牌价值管理的艺术，十分令人惋惜地葬送了"红旗"牌这一代名车。

三是品牌技术。高境界的品牌往往在技术上精益求精，或者是追求最先进的技术，将此技术转化为一种实用的产品，并且用它来造福消费者，造福社会；低境界的品牌往往在技术上陈陈相因。安迪·格鲁夫正因为有对尖端技术的"偏执"追求，才有可能诞生伟大的品牌产品——英特尔奔腾处理器。

四是品牌服务。高境界的品牌在服务上也是追求高标准、能动的人性化服务，想消费者所想；低境界的品牌往往只提供被动的服务，或不愿意提供服务。服务的境界不同导致品牌的境界不同，在 20 世纪 90 年代初，海尔品牌和科龙、海信、荣事达等品牌难分伯仲，但海尔品牌拥有一种对消费者"真诚服务到永远"的可贵主张，所以很快使海尔在众多旗鼓相当的竞争对手中脱颖而出，迅速成为世界级企业。

五是品牌美感。品牌的有形美感主要是通过品牌标志来体现的。高境界的品牌往往标识和品名独特，极富亲和力，低境界的品牌其标识和品名往往平庸、肤浅、缺乏大气。品牌标识的美感在商标设计时就应该考虑到了，一些颇具品牌美感的商标都是格外注重设计的美感和内涵，如奥迪、奔驰、欧米茄、万宝龙、江诗丹顿等品牌标识的设计可以说巧夺天工，而很多中国企业在商标命名和设计时是随意轻率的。目前中国企业在品牌塑造和品牌资产的管理上还十分缺乏艺术能力，所以众多中国企业的品牌境界仍停留在第一个层次，随着全球经济一体化的到来，中国企业应该快速反应，努力创造出大境界的品牌，在今后的商战中才有立足并且争胜之资本。

创新变革是品牌制胜法宝

任何企业，都面临竞争日益激烈的国内外市场，他们的管理者都希望通过精简高效的盈利导向来对市场需求进行快速有效响应。在这样的市场环境下，任何企业已经不可能一成不变了，竞争的内外部因素都在诉求着企业必须去变革。创新是企业生命的源泉。有着"世界工厂"之称的中国，在走向世界经济制高点的路上，正需要企业在"创新空间"方面寻求突破。对于企业具体而言，如何对品牌进行传承与创新，将成为未来市场竞争的关键。

中国式品牌营销曾以一种轰轰烈烈，一边加速度奔跑一边学习的方式，从最初的懵懂走向成熟。中国已成为世界第二大经济体，在由"经济大国"走向"经济强国"、由"中国制造"走向"中国创造"、由"低劳务费"走向"高附加值"之路上，什么才是关键？

农业时代竞争土地，工业时代竞争机器，信息时代竞争品牌。在全球化的大背景下，品牌竞争力是国家经济实力与软实力的象征，也是企业可持续发展的宝藏。从品牌角度解读中国经济如何突围，这提供了一种全新的思路。现代社会是一个无形控制有形的时代。世界上的知名品牌，已经不再是简单的产品提供者，更成为一种文化的引领者和提供者，这就是品牌所带来的价值。举例说，星巴克所提供的内涵已经非常丰富，其产品已不限于咖啡，更多的是"卖体验"；而麦当劳卖的是"开心无价"，芝华士卖的是"生活方式"。

我们认为，未来 20 年，中国的发展方式和过去 20 年是完全不一样的。企业的发展方式将由外延发展走向内涵发展，这种内涵发展包括技术含量的提升，包括对超细分市场的关注，同时也包括对中国市场空间的理解。未来 20 年中国最巨大的市场空间就是城镇化，城镇化将给具有优秀品牌的中国企业带来巨大的市场。做品牌并不是一件容易的事，其塑造是个系统工程。在品质得到认可的前提下，品牌通过广告和渠道从而完成对市场的渗透。举例说，加多宝通过冠名"中国好声音"等有影响的活动做广告，还在渠道上进行推广，通过这样的运作之后，截至目前，加多宝凉茶市场占有率高达73%。要打造一个优秀的品牌，企业的广告、渠道、产品质量、供应链物流、员工等所有元素缺一不可。同时，一个优秀的品牌还应该坚持三方面的创新，即品类创新、技术创新、形象创新。

20 世纪 80 年代，德鲁克也将研究重心转向了创新。德鲁克指出，"创新就是为达到一个有用的目的而采用的一种新方法"。在他看来，"创新并不一定在技术方面，甚至可以不是一个实实在在的东西"。他举例说，集装箱的发明并没有多少技术含量，更多的是根源于一种将"货运轮船"视为物料装卸设备而非"船"的概念，其目的就是让远洋货轮在港口停泊的时间尽可能缩短。而就是这么一个不起眼的创新拯救了海运业。按照德鲁克的观点，创新所包括的范围很广，"凡是能改变已有资源的财富创造潜力的行为都是创新"，如在管理、市场营销和组织体制等方面的新能力、新行为，都是创新。品牌创新的具体动因包括：一是消费者需求的变化，激发品牌创新；二是新的竞争环境需要品牌定位的修正与形象的更新。

先说消费者需求的变化，激发品牌创新。随着经济的发展，社会的进步，消费者的价值取向和审美品位也都在发生着变化。如果品牌一成不变，就会失去许多潜在消费者以及动摇品牌忠诚者；如果品牌长时间不与消费者沟通，没有向消费者传播新的信息，不能给消费者带来一点新鲜感，那么消费者很快就会将这个品牌淡忘。基于对消费者的洞察和对时代的理解的品牌创新，可以与消费者的感性与理性需要同步调整，保持与消费者心理变化的统一节奏，激发消费者的共鸣。"太太"口服液能在险情迭出的保健品市场中存活下来，并成为品牌的常青树，其秘诀就是不断适应中国女性消费者需求的变化，让品牌与时尚共舞，恰到好处地迎合当代女性的内心渴望。从"做女人真好"到"滋润女人，让美丽飞扬"；再从"十足女人味"到"还是太太好哦"。品牌塑造紧贴女性消费者爱美的欲望，追随新女性精神，品牌内涵不断得到丰富和完善。

再说新的竞争环境需要品牌定位的修正与形象的更新。品牌创新与市场竞争环境的变化有着直接关系。中国加入 WTO 后，中国品牌面临的市场竞争日趋激烈，正如逆水行舟，不进则退。联想推进国际化战略是必由之路，而国际化的必备条件是拥有一个可以在全球畅通无阻的英文品牌标识。2003 年 4 月 28 日，联想启用新的英文标识"Lenovo"替代原有的英文标识"Legend"。"Lenovo"新标识的发布，意味着联想品牌定位的修正和品牌内涵的更新。

另外，笔者设计的一个品牌叫"快点漆修"，是一个拥有 200 多家线下实体门店的汽车快修连锁品牌。在 2014 年 6 月 8 日，品牌成立四周年之际，将品牌"quickest 快点漆修"正式升级为"QUISSIC 快典漆修"，寓意为即刻还原经典。为了提升企业形象和规范品牌识别，统一设计了品牌的 VIS 系统。核心 Logo 由英文"QUISSIC"和中文"快典漆修"组成，英文"QUISSIC"是由英文单词"Quick"和"Classic"结合而来。"Quick"是"快速"的意思，表达了为顾客提供 2 ~ 3 小时车漆快修解决方案的决心，但一味强调"快"、"最快"已经不能满足我们真正的品牌诉求。"Classic"翻译成中文是"经典"的意思，这说明"快典漆修"要做就做到最好，做成汽车快修行业里的"经典"。

图 5 - 1 "QUISSIC 快典漆修"的由来

另外，"QUISSIC"的字母 Q 和"漆"字三点水中的一点都设计成了齿轮形状，"Q"也是汽车的一个零部件造型，代表行业属性。"齿轮"里用红、黄、蓝三原色组合，代表百万色。三原色调和后会变成黑色，快点漆修门头底色采用了黑色背景，黑色的高贵和神秘，犹如潜力巨大的汽车后市场，远观反白的"快典漆修"则像是一颗闪耀的明星。

"快典漆修"研究全球大部分正在使用车型的漆面详细技术数据，继续更新和升级了近 5000 种原始车色系列资料。为奔驰、宝马、奥迪等世界著名汽车品牌车型提供了快速、便捷的漆面修复和养护服务，并且率先在行业内提出并实施了"快、点修复"、"喷、调一体"的全新理念，解决了传统技术难以解决的色差，施工时间长和脱落等问题。与全球领先的油漆制造商合作开发了适合国内环境的"快速局部修补系统"，并且融合了 FESTOOL 全球领先的前端处理技术，结合 CRS 调漆系统与 SATR "定点、定量"的喷涂工艺，使得油漆修复的速度由 2~3 天大大缩短到 2~3 小时。

"快典漆修"是专业化的汽车专项服务品牌，秉承"更快、更好、更专业"企业宗旨，坚持"执行、务实、创新"的企业管理理念，树立了中国汽车行业专业化的崭新形象。"快典漆修"先后被连锁经营协会评为"最具成长力特许品牌"和"中国连锁模式创新 50 强"。如今快点漆修已经发展成集品牌管理、输出、企业咨询、技术培训、物流配送、科技开发为一体的综合服务型科技公司。

当然，品牌创新是一个系统工程，它需要以下四块基石为其奠基。

一是品牌产品创新：品牌创新的基础。当前，市场经济正以其近乎无所不在的全面渗透力和无所不能的强大驱动力改变着人们的生活，使人们的生活方式和消费观念发生着变化，产品的需求正在向多样化、个性化和审美化方向发展。对企业来说，进入目标市场、赢得竞争优势，产品是其基本手段。

这就要求产品必须具有竞争性，而提供具有竞争力的产品的最佳途径是持续的产品创新。产品创新是一个意义十分广泛的范畴，它既包括产品的创造和发明，同时也包括产品质量的提高、性能的改善和成本的降低等。通过产品创新，企业不断制造出差别优势。任何品牌创新，若没有产品创新的支持，就会成为无源之水。产品创新是以市场需求为导向，以满足顾客需求为目标的理性行为。在某种程度上甚至可以说，顾客是产品创新的实际参与者。据美国有关调查资料显示，有大约60%～90%的产品创新项目是由市场需求直接引发的。当今，在全世界营销300多个品牌、拥有40亿消费者的宝洁公司，它的发展就是与其不断创造里程碑式的产品分不开的，我们不妨看一看宝洁公司的创新历程：

1879年，依芙蓉Ivory，第一种多功能香皂，可预防小孩起疹子；同年，漂浮依芙蓉Floating Ivory，第一种可漂浮式香皂；1911年，克瑞斯克Crisco，第一种植物性酥油；1946年，汰渍Tide，第一种针对大洗衣量的合成洗衣粉；1955年，克瑞斯Grest，第一个含氟化物的牙膏；1956年，寇美特Comet，第一个能有效漂白的除锈洁剂；1956年，帮宝适Pampem，第一个有效且实惠的抛弃式纸尿裤；1961年，海飞丝Head&Shoulders，第一个有效去除头屑的洗发精；1972年，帮斯Bounce，第一个含干燥剂的衣物柔软精；1978年，帝罗奈Didronel，第一个治疗骨骼疏松症的药品；1984年，液态汰渍Liquid Tide，Arid，and Vizir第一个和洗衣粉效果相同的液态洗衣剂；1985年，免齿垢克瑞斯Tartar Control Crest，第一个有效抵制牙垢的牙膏。可见，没有产品的创新，就没有"宝洁"今日的辉煌，产品创新是"宝洁"品牌创新的一个十分重要的基础。

二是品牌技术创新：品牌创新的支撑。在21世纪，消费者对产品的质量要求会有所下降，但与之相辅的是消费者对产品的功能要求会大幅度提高。

消费者需要享受更多的使用价值为他们带来的利益和欢乐。一旦使用价值减弱，消费者就极有可能选择一种替代品作为补偿。因此，新技术决定了新产品。如果品牌的技术创新跟不上市场要求，品牌就不可能继续获得消费者的认同。与此同时，技术的落伍将导致品牌竞争优势的丧失。这点在家电产业、信息产业以及高科技产业表现得尤为突出。有资料表明，美国许多高新技术企业的无形资产已超过了总资产的60%，高新技术产业对美国经济增长的贡献率已达到55%；在上海市 GDP 增长中，高新技术产业的贡献率也已突破30%。没有技术的创新，就如同人没有新鲜血液一样，品牌就不可能发展壮大，技术创新是品牌的支柱和后盾。新世纪的市场竞争有一个重要特点，就是新加入者往往是靠新技术侵入市场的。可以断言，在21世纪，如果没有新技术优势，任何品牌战略都没有竞争的理由和机会。技术创新是最基本、最有力的主流趋势。

三是品牌形象创新：品牌创新的手段。企业经营所面临的外部环境每时每刻都发生着急剧的变化，品牌形象必须对外部环境的变化做出积极的回应。当品牌形象无法反映外部环境的变化时，就必须对其进行变革和创新，适时适势而变就是品牌设计规则中最大的不变。百事可乐的百年沧桑就是一个最好的明证：1898年，北卡罗来纳州纽伯恩的药剂师卡列布·布拉德姆将他发明的碳酸饮料"布拉德饮料"重新命名为"百事可乐"，并在苏打冷饮柜机上出售；1903年，广告宣称百事可乐"使人神清气爽，有助于消化"；1905年，百事可乐修改标志设计；1906年，百事可乐再次改用重新设计的标志；1909年，作为百事可乐广告明星的赛车手巴尼·欧菲尔德称其为"令人充满活力、精神抖擞、绝对的赛前提神饮料"；1934年，百事可乐以竞争对手卖6盎司装的可乐的价格销售其12盎司瓶装的可乐；1941年，为支援战争，百事把饮料瓶盖颜色改为红、白、蓝三色；1950年，"泡沫最多"成为新广告主题的同时，新的百事标志被采用；1958 年，长期定位为低价位品牌的百事可乐，将自己与时髦的年轻一代消费者联系在一起，新主题为"对人友好，喝百事可乐"，弧形瓶身替代直筒状瓶身；1962 年，具有现代主义风格的百事新标志被采用；1969 年，后现代主义影响了百事标志的再次重新设计；1973 年，百事标志适应新的潮流变化，第六次设计其品牌标志；1975 年，"百事挑战"一项具有划时代意义的营销运作，使千百万人相信，百事的口味无与伦比；1982 年，广告语"百事是你一生的口味"；1988 年，迈克尔·杰克逊四集百事广告系列片成为"新一代"宣传的重要组成部分；1989 年，"新一代的选择"主题扩展到"未来一代"；1996 年，百事连续两年在广告中表现一位可口可乐司机对百事可乐的喜爱，成为创意竞争的典范，同年，现行的百事标志启用；1998 年，百事迎来百岁诞辰。

如果说品牌形象设计的精要是追求超越时代的恒久设计，那么百事标志的七次变更和包装设计的几度变化则说明了这一精要的内涵：适应潮流，不断创新。一个百年品牌的传承并非易事，它正是不断推陈出新的结果。品牌形象创新的精要在于：第一，品牌标志创新。品牌革新的最简捷途径就是对品牌标志进行革新。1898～1998 年，百事的每一次品牌标志革新都提高了品牌的适应性，使品牌永葆青春和活力。第二，品牌名称创新。一个过时的品牌名称也应当加以改变，以反映品牌已经革新了的形象。例如。面对日趋激烈的市场竞争，为了改变被消费者认为"官僚"的形象，美国联邦快递毅然地将其品牌名称缩减为"FedEx"，这样一方面使得该品牌与美国另一家特快专递公司美国邮政服务特快专递的名称区分开来，另一方面也使其更能反映公司作为全球领导者的形象，品牌的识别率也大大提高了。第三，广告定位主题句创新。百事可乐百年间广告主题句历经"泡沫最多"、"对人友好，喝百事可乐"、"百事是你一生的口味。"、"新一代的选择"、"未来一代"等多次革新，每一次革新都使百事受益良多。

四是品牌管理创新：品牌创新的保证。品牌创新是一项包括产品、技术、形象等多种创新在内的复杂的系统工程。而管理创新则被包容在这些活动之中，成为品牌创新的绩效基础。品牌创新作为品牌成功的关键，其培育和发展是一个多因素组成的复杂过程，而产品创新、技术创新、形象创新、管理创新则是这一复杂过程中不可缺少的组成部分，为品牌创新提供了可能。同时，这几方面因素并不是孤立存在的，只有把其看成一个有机的整体，协调发展，才能走好品牌创新之路，更好地完成品牌创新的使命。

变中必有不变

好的产品是品牌的生存之本。对于中小企业而言，品牌建设的落脚点首先是产品，没有好的产品，何来品牌之谈。优质的产品是建立消费者忠诚最关键的因素，消费者消费的是产品而非企业的名字。即便是全球 500 强企业，同样也是靠优秀的产品和服务名扬天下的。

要做好产品，除了要保证产品的品质之外，还需要在市场营销的各个环节当中贯穿产品的推广。包括产品的名称、概念、包装、服务以及市场的展示、营销方式的统一性。产品形象的提升是企业形象提升的基础，撇开产品进行企业形象的塑造，等于是没有打地基就进行楼房的建造，是无法把企业的市场大厦建造起来的。看看国内的成功品牌——联想、海尔、华为等，哪一个不是先做产品再谈品牌。只有产品被消费者认可后，才能让消费者进行消费。在进入品牌阶段后，消费者考虑的就不仅仅是产品的质量问题了，还包括品牌个性、品牌价值、品牌气质等感性元素，消费者将把自己的个性和喜好与品牌进行联系，如果品牌的语言或者行为与消费者取得了共鸣，就能够从众多的同类产品中脱颖而出。

而品牌定位，则是企业创建品牌的前提和基石。没有正确的定位只能使品牌塑造模棱两可，甚至自相矛盾、越走越偏。因此，对于中小企业来说，在创建品牌时一定要对自己的品牌进行清晰的定位。一提到品牌名，就能够让消费者联想到该品牌的形象。品牌的定位一定要和产品的个性概念结合起来，这样才能够让消费者区别于其他品牌。

当我们看到某些品牌及其产品，立即就会对该品牌产生各种联想，包括它的经营范围、企业口号、产品类型、产品色彩等，其中很重要的就是这个品牌的个性。这一步如果不精确，将会差之毫厘，谬以千里。比如提到可口可乐就会联想到红色和热情奔放，提到万宝路就联想起西部牛仔和自由洒脱。红色罐装饮料王老吉在默默无闻经营了 7 年之后，就是因为重新进行品牌定位，找准了"预防上火"的诉求点而脱颖而出，迅速飙红。

对于企业和品牌而言，企业核心竞争力是企业成长中最有力、最主要的驱动力，是支撑企业长久竞争优势的基础性能力，也是使企业独具特色并为企业带来竞争优势的战略性能力，推动企业快速发展。放眼世界 500 强企业，几乎无一不在技术能力、创新能力、战略决策能力、企业文化、品牌形象、顾客服务等方面独具专长，如 IBM 的服务能力，3M 公司的产品创新能力，丰田公司的精细化能力，麦当劳的标准化能力，奔驰公司的机械设计能力，海尔的市场创新能力，微软的产品开发能力。没有核心竞争力，品牌就缺乏灵魂，很容易被同类竞争对手超越。只有在核心竞争力的支撑下，品牌才能做到长盛不衰。

坦率地讲，每个消费者的消费心理和能力都是不同的，他们对品牌的看法也会不同。企业就必须先入为主地在消费者心目中留下品牌独特的印象，诸如热情的、青春的、时尚的、高质的、富贵的等，从而让消费者在心目中产生对此品牌的评价。奔驰是高贵豪华的象征，宝马是尊贵个性张扬的表达，在美国，有高达七成的青少年的梦想便是拥有一双耐克鞋，他们都以穿戴耐克鞋而感到荣耀，耐克"离经叛道"的广告为其塑造的"体育先锋"的形象，深深根植于青少年消费者的心中，使耐克成为他们的最爱。所以，品牌形象塑造应根据市场需求和消费者心理，突破思维定势，从新的特定角度、特定情境中发掘产品的新价值，以良好的产品品质形象打动消费者。

无可置疑，国内市场已经是"供过于求"的市场，仅有好的产品，还不足以创建一个"响当当"的品牌。如果说产品占品牌创建的70%，那么剩余的30%就是依靠传播了。可以说适当的传播等于给品牌插上腾飞的翅膀。品牌的创建是循序渐进的，是不断积累的过程。品牌的传播同样需要系统的、规范的、持续的。否则，再好的品牌也会被无情的时间摧毁，成为被消费者淡忘的角色，退出历史舞台。对于中小企业而言，品牌传播在不同时期应有不同的策略。

在品牌创立初期，以提高品牌知名度为主要任务，告诉受众"我是谁"这一阶段，品牌以功能性诉求建立市场区隔。如海飞丝洗发水，"头屑去无踪，秀发更出众"，以诉求产品本身的去屑功能，极大地推动了产品销售，也提升了品牌知名度。

在品牌成长期，以提高品牌影响力，尤其是美誉度为主要任务，告诉受众"我推崇什么"这一阶段，品牌以感性诉求赢得受众的感情上的认可与偏爱。如海尔，中国造。以诉求品牌的价值主张，推动民族工业，彰显爱国精神引发消费者的共鸣，海尔品牌的影响力及其行业地位由此而奠定基础。

在品牌成熟期，以巩固品牌的影响力，成为区域文化或国家文化的代表为主要任务，告诉受众"品牌代表什么文化观念，代表什么样的民族性，代表什么样的国家精神"。如可口可乐，已经成为美国文化的代表，美国文化的符号被视为"崇尚个人感受"的美国文化的代表，"要爽由自己"的广告语充分地体现了自我的个性。

中小企业的品牌创建大都处于第一阶段，在这一阶段，主要的任务就是大声地告诉受众"我是谁，我有什么优势。"因此，中小企业在进行品牌营销传播的时候，一定要制定好明确的主题，围绕企业战略，品牌基本属性及基本价值进行，沿着品牌不同的发展阶段，不同的发展目标，持续地、连贯地进行，这样在经过一定时间后，品牌的价值才能日益凸显出来，品牌创建初期，企业抗风险能力较弱，每走错一步都有可能坠入"死亡之谷"，所以，要让品牌走上成功之路，就要注意品牌创建初期一些最容易犯下的大忌。

一是品牌形象切忌朝令夕改。打造品牌的过程，就是不断积累的过程，品牌需要不断吸引消费者的注意力才会越来越有价值。但是许多中小企业因为缺乏品牌常识，不少企业往往只看到短期的市场需求，而没有考虑三五年后的市场状况，在品牌创建过程中随意改动品牌定位、个性、形象等要素。这些要素的随意改变会模糊品牌在消费者心中的形象，浪费品牌建设费用，这是困扰品牌健康成长的桎梏。所以中小企业在品牌建设之初就应该有百年大计的战略眼光，企业在变，产品在变，但品牌形象定位不能变。

可口可乐公司选定大红色为企业识别色，从员工着装到产品包装，一律大红色。久而久之，人们一见到大红色，就会联想到可口可乐产品，进而产生购买的可能；或是一旦产生购买可口可乐产品的欲望之后，就会向着大红标志的售点位置而去。可口可乐的 Logo 也经历过多轮更换，但大的图形感觉与品牌精神始终不变。前面谈到"快典漆修"品牌的升级，在原有的"更快，更好，更专业"的宗旨上又提升了一个层次，但是无论品牌如何升级，永远离不开一个主旨，那就是用"典藏于心，'后'积薄发"的品牌精神内涵，结合汽车快修行业最前沿的技术工艺，为每一个客户提供优良的服务与产品。"即刻还原经典"的核心价值诉求不变！

二是品牌塑造切忌一曝十寒。要知道世界上没有一劳永逸的品牌金山，一个强势品牌不是一朝一夕成就的，而是持之以恒打造的。只有不断坚持品牌建设才是品牌持续前进、增值的原动力。历数百年品牌，都是经历了相当长时间的品牌建设才取得了显著的成绩。肯德基在全球近一万家店都是一样的口味、一样的装修，万宝路历经 50 年其"阳刚豪迈"的牛仔形象始终未变，这就是品牌塑造的持之以恒。品牌塑造是一项系统工程，是一个持之以恒的过程。

三是品牌宣传切忌短时轰炸。中国的中小企业普遍存在这样一个现象，在企业规模小的时候不重视品牌宣传，待企业发展到一定规模后，开始"狂轰滥炸"式的广告投放，结果几轮广告轰炸下来，品牌知名度迅速增加，似乎成就了许多企业主的品牌梦想。殊不知，这样的企业除了品牌知名度资产外，其品牌资产少得可怜，更不用说品牌的抗风险能力了。

20 世纪 90 年代速成的秦池、爱多、巨人脑黄金等短期速成的品牌同流星一般转瞬即逝。可口可乐百年发展史，宣传从始至终没有间断过。多少年来，可口可乐就把自己的营销定位在与体育的结合上，始终不渝，长期坚持。战略是企业长期的、全局性的计划，而战术是短期的、局部的计划。可口可乐百年的历史就是一部生动的品牌战略，可口可乐的成功也源于长期的战略思想。

第六章　网络时代的品牌形象维护

上网用户越来越多，在互联网时代，企业品牌更显重要，因为一旦操作不当，有可能带来灭顶之灾。互联网时代是以口碑选择产品的时代。要买一款产品，人们最先做的，就是先到网上看这款产品的评论，要看大家对于产品质量的评价，要看大家对于产品售前、售后服务的评价，然后才决定要不要购买。所以，基于这一点，没有好口碑，就没有好品牌。

无论是企业还是个人，如今市场已经到了品牌竞争时代，品牌对于企业和个人的发展格外重要。互联网的出现和普及表明我们进入了数字时代，这个时代的强势品牌将充分利用网络，而网络是品牌的窗户。今天，上网用户越来越多，在互联网时代，企业品牌更显重要，因为一旦操作不当，有可能带来灭顶之灾。从目前情况来看，国内外大大小小企业所遭受的危机，无一不是从互联网最先开始、酝酿并爆发出来的。

从目前互联网品牌的体现层面来看，已经从最开始单一的官方网站，向微博等社群媒体、微信公众平台等微媒体、移动客户端（APP）转化。所以，互联网品牌塑造也从最开始单一的搜索引擎优化（SEO），单一的信息覆盖，向更多的平台碎片化方向发展。同时，用户和粉丝关注和停留的时间越来越短，这对企业或个人互联网品牌形象的塑造提出了更高的要求。然而，有多少企业真正懂得如何利用网络打造或者巩固自己的品牌呢？而企业又如何能够利用网络获取足够的力量，去提升某个品牌与其顾客间的感情联系呢？也就是说，对于网络时代的品牌形象维护问题，企业不得不提到议事日程上，予以高度重视。

互联网时代的品牌转型

互联网和移动互联网之所以可以称之为一个时代，并不是因为它创造了更多的信息，而是因为它改变了信息和人的二元关系，让人成为信息的一部分，由此改变了人类社会的各种关系和结构，也因此引起了整个社会商业模式的变迁。互联网和移动互联网的发展，让信息变得更加透明化，消费者在选择产品的时候会比以前有更多的自主选择权。那么，在互联网和移动互联网时代，怎样理解品牌转型呢？

第一，用户主导是核心。一位网络大咖曾说过："我们经常会在各种权衡中做取舍，在任何时候，我们都要想，这个事情是不是从用户价值本身出发来考虑的。如果我们想的策略和用户价值有违背，哪怕舍弃短期利益，也应该维护用户价值。"用户不仅决定产品能否成为品牌，甚至决定品牌可以存活多久。这里的用户不是普通的使用者，而是属于用户中的用户，就是那些参与到新产品设计中，对产品有影响力的用户。

淘品牌七格格是一家网络原创服装品牌。拥有一支"15 位年轻设计师 + 1 位专职搭配师"的团队，规定每月最少推出 100～150 个新款，保证店铺内货品不少于 500 款。它有上万名忠实粉丝和很多 QQ 群。每次要上新款的时候，七格格首先会将新款设计图上传到店铺网页，让网友们对新款投票评选，并在 QQ 群中讨论，最终选出大家普遍喜欢的款式进行修改，然后再次上传到网站。反复几个回合后开始生产、上架。这种流程完全颠覆了大牌设计师引领时尚潮流的传统模式，它甚至颠覆了我们对品牌的传统认知。消费者开始真正决定款式、时尚的走向，最重要的是，消费者很享受这个过程。七格格就是用这种双向沟通的模式，仅仅半年多的时间，从默默无闻到一跃成为淘宝女装销售第 4 名。

互联网和移动互联网时代的品牌必须以用户为中心，让用户参与到产品创新和品牌传播的所有环节。"消费者即生产者"，品牌传播就是在用户的良好体验和分享中完成的。尤其是"80 后"、"90 后"的年轻消费群体，他们更加希望参与到产品的研发和设计环节，希望产品能够体现自己的独特性。作为企业应该把市场关注重点从产品转向用户，从说服客户购买转变为让用户加深对产品的体验和感知。传统企业强调"客户是上帝"，这是一种二维经济关系，即商家只为付费的人提供服务。在互联网经济中，凡是用你的产品或服务的人就是"上帝"。因此，互联网经济崇尚的信条是"用户是上帝"。

第二，产品为王是基石。"产品是第一驱动力"，没有过硬的产品，任何单纯依靠噱头炒作吸引眼球引发的销售，到最后都是自取其辱，因为负面传播的力量更大。互联网时代讲究产品的"体验"和"极致"，也就是说"以用户为中心"将产品做到极致，制造"让用户尖叫"的产品是互联网时代的不二法门。

小米手机为了制造"让用户尖叫"，下得最大的功夫就是高配低价。小米每推出一代新的产品，一定是当时速度最快的业界首发的配置，且价格做到行业最低。小米 1 代手机推出的时候，按当时的配置应该定价三四千元，而其最后的定价不到两千元。

客户第一次购买你的产品，是因为有刚性需求；第二次还购买你的产品，是因为第一次有美好的体验；一生都购买你的产品，是因为对你的产品产生了信仰。因此，品牌营销的本质就是培养客户的消费信仰，增加品牌黏性。对此，有段经典点评说：产品是1，营销是0。如果产品的1不存在，后来再多的0也白搭。产品的尖叫是要让你的产品自己会说话，产品成为自媒体。忘掉营销，回到商业的本质，互联网思维就是把商业本质做到极致的思维。不管什么年代，商业的本质始终是用户和产品。

第三，体验至上是关键。过去，企业创建品牌，多是向消费者提供物质利益，在产品的功能、设计、质量、价格上满足客户的需求。随着卖方市场变成买方市场，消费者以品牌作为选择产品与服务的标准，更注重互动、人性化服务的消费体验，客户的品牌认知将直接影响到企业的命运。

互联网不发达的时代，商家跟消费者之间的关系是以信息不对称为基础的。有了互联网之后，游戏规则变了。消费者鼠标一点就可以比价格、比质量、比款式等所有产品信息，消费者变得越来越有主动权和话语权。因此，在移动互联网时代，产品的用户体验正变得越来越重要。

移动互联网时代，产品质量和价格已经不会是消费者首要考虑的指标。他们考虑的是体验，而且很大一部分是心理上的体验。比如，现在很多女生买LV，从质量和价格来衡量的话，她肯定觉得不值。但如果LV代表的是一种身份和社会地位的话，那她就觉得值，因为"价格内在于价值"。因此，传统品牌要想成功进化，最终还是要看其能否塑造出与用户价值契合的品牌文化，并使之融合。

当然，这并不是说传统企业没有品牌文化。比如麦当劳，它塑造的就是家庭式的快乐文化。但这种品牌文化的"主角"是企业自编自导的品牌文化，是企业强制向所有顾客输出的一种文化，而不是消费者按照自我期望创建的品牌文化。

过去，厂商把产品销售给顾客，拿到了钱，就希望客户最好不要再找自己，而在移动互联网时代，厂商将产品递送到用户手里后，体验之旅才刚刚开始。如果你的产品在体验方面做得好，用户每天使用时都能感知你的存在，就会主动帮你宣传、推荐产品，形成口碑营销和粉丝群体。因此，企业除了在提供有保障的产品与服务外，还必须为客户提供更多的体验，满足人们更高层次的需求，从而增强客户的满意度与忠诚度。在所有的产品高度同质化的今天，你会发现最后胜出的决定性要素其实是用户体验。好的用户体验应该从细节开始，并能够让用户有清晰的感知，这种感知要超出用户预期，给用户带来惊喜，贯穿品牌与消费者沟通的整个链条。体验经济与传统工业经济最大的区别在于，消费者从被动的价值接受者，转为积极参与价值创造的各个环节，成为创造独特体验的共创者。以企业为中心的价值创造思维转向企业与消费者共同创造价值的思维。

内外兼修的品牌形象塑造

做产品还是做品牌，无疑是区分投机商家与真正企业家的分水岭，收取眼前的短期经济效益还是谋求一个品牌的长期市场占有率，保障消费者对品牌的持久忠诚度，无疑是品评一个企业家远见与魄力的基点，决策者的高度无疑决定着一个企业品牌建设的深度与力度，也是一个品牌的文化之帆得以起航的原动力。

产品与品牌的区别之处在于——产品满足人的物质需求，品牌则满足人的精神需求。品牌能为消费者带来更多信赖感和荣誉感，为产品带来充分的溢价功能，品牌以内涵的文化满足人的精神需求。如果没有一种符合消费者需要的文化内涵作为支撑，消费者购买的就仅仅只是一种产品，而没有从产品中获得更多的精神享受，品牌的美誉度和忠诚度就更不可能实现。家具有着明显的文化特征，文化功能已经超过了它的使用功能，它更多的是体现了主人的文化内涵与个性特征。

品牌文化是品牌价值的依托，更是品牌差异化的集中体现。当人们提到可口可乐，脑海中浮现的便是美国自由开发、释放自我的品牌文化；SONY则是代表着日本自强不息、不断创新的品牌文化；说起 ADIDAS，它折射的又是欧洲悠久的足球文化及严谨的德国文化。而就家具设计而言，欧洲家具讲究个性化、意大利家具强调艺术感染力、英国家具则具有明显的古典与绅士风度、法国家具最浪漫，而美国家具则科技含量高，这些独特的个性便是一个家具品牌长久不衰的根本原因，而一味地追逐外观款型却忽略品牌内在个性的模仿行为造就的必然是形近神远，徒有其表而没有灵魂的"裸产品"。

品牌文化的核心是文化内涵，具体而言是其蕴涵的深刻的价值内涵和情感内涵，也就是品牌所凝练的价值观念、生活态度、审美情趣、个性修养、时尚品位、情感诉求等精神象征。品牌文化的塑造通过创造产品的物质效用与品牌精神高度统一的完美境界，能超越时空的限制带给消费者更多的高层次的满足、心灵的慰藉和精神的寄托，在消费者心灵深处形成潜在的文化认同和情感眷恋。在消费者心目中，他们所钟情的品牌作为一种商品的标志，除了代表商品的质量、性能及独特的市场定位以外，更代表他们自己的价值观、个性、品位、格调、生活方式和消费模式；他们所购买的产品也不只是一个简单的物品，而是一种与众不同的体验和特定的表现自我、实现自我价值的道具；他们认牌购买某种商品也不是单纯的购买行为，而是对品牌所能够带来的文化价值的心理利益的追逐和个人情感的释放。因此，他们对自己喜爱的品牌形成强烈的信赖感和依赖感，融合许多美好联想和隽永记忆，他们对品牌的选择和忠诚不是建立在直接的产品利益上，而是建立在品牌深刻的文化内涵和精神内涵上，维系他们与品牌长期联系的是独特的品牌形象和情感因素。

好的品牌管理，应该是内外兼顾，鱼与熊掌兼得是其管理最基本的原则。如果说企业对外部的品牌管理主要目的是为了提升品牌的知名度、美誉度、影响力、产品销量等。那对于企业内部而言，品牌管理就是为了使企业内部形成良好的企业文化，并大大增加员工对企业的好感与责任。完善的内部品牌管理可以凝聚内部员工的向心力与归属感，同时，还能大大激发、调整员工的工作热情与工作态度。这就如同一个大家庭，作为一家之主既要处理好各种人情世故、人际来往，同时，又要维护好家庭内部人员的团结一致、和睦相处。

欧莱雅作为法国的一个知名化妆品品牌，不但征服了西方人，同样也征服了东方人。这主要得益于欧莱雅深谙品牌管理之道。一直以来，欧莱雅内外兼顾的品牌管理方式被外界交口称赞。欧莱雅认为品牌的价值创造是建立在消费者价值的基础之上的，正是从这个角度出发，欧莱雅通过和外部顾客保持良好的沟通，在外部顾客中树立了良好的品牌形象。一个典型的例子就是欧莱雅的染发产品，最初进入中国的时候，顾客很难接受染发的观念，许多人认为染发是不正经的表现。欧莱雅为了消除消费者的这种心理影响，主动帮助中国消费者了解染发产品，并邀请巩俐作为广告模特。作为有国际知名度的中国影星的巩俐拥有标准的东方人的头发，她身上具有东方人的高贵、典雅和美丽，欧莱雅邀请她作为品牌代言人，目的是告知消费者染发同样适合中国人。以此和中国消费者进行更好的沟通，从而来创造和引导需求。在非洲市场，为了快速提高欧莱雅在非洲的品牌知名度，欧莱雅通过开办培训班的形式，向当地美发师介绍欧莱雅护发产品，并教给她们使用产品的方法。通过消费者教育，让她们自愿接受欧莱雅，这样一来，欧莱雅很快就在当地建立了品牌影响力。

在内部品牌管理上，欧莱雅认为内部员工满意是达成顾客满意的第一步，因为员工在经营中的参与程度和积极性，很大程度上影响着外部顾客满意度。提高员工的满意度决不能仅仅依靠金钱，而完善的培训、开放式的交流环境以及灵活的组织机制也是必不可少。欧莱雅非常注重对员工的培训。欧莱雅在新加坡设立了亚洲培训中心，在这里，来自亚洲以及澳洲等各个地区分公司的员工可以交流学习，而其中一部分优秀员工还将有机会来到巴黎总部接受培训，在公司的不同部门学习和实地感受欧莱雅的营销战略。培训的共同目的就是要让员工尽早融入到整个公司的经营运作体系中来，并深深喜欢上欧莱雅这个企业。为了充分激励员工的工作热情，欧莱雅还鼓励每个员工参与决策，并向他们提供机会表达自己对职业发展的需求。可以说，正是这种开放而灵活的管理机制使得欧莱雅的员工满意度不断提升，而这种效果带来的结果就是，顾客通过欧莱雅的员工，对欧莱雅有了一个更高层次的认识与好感。通过内外兼修和内外兼秀的功夫，企业品牌必能修炼到炉火纯青之境界。

三像合一形象诊断

　　在绘画中，有一种就叫做三像合一的概念。绘画中的三像合一，其实就是把绘画的三种表现形式，即抽象、意向与具象融入到一幅作品中，让每一种表现形式巧妙结合，共同去说一个故事。其实，实施企业形象战略也要坚持"三象合一"。完整的企业形象，是客观企业形象、主体企业形象、社会企业形象三者的复合集成体。客观企业形象就是企业实态，主体企业形象就是内部人员对公司的看法，社会企业形象就是外部对公司的看法、观念。社会企业形象或主体企业形象，应该与客观企业形象相符合、相一致，如果不符合就必须加以修正。如果社会企业形象或主体企业形象优于客观企业形象，即所谓的"盛名之下，其实难副"，就不应该再拼命地宣传，更不应该再"包装"、美化，而应该尽力改善和提高企业的客观实际状况，即塑造好客观企业形象；反之，如果客观企业形象优于社会企业形象或主体企业形象，就应该加强宣传教育，使外人或职工能正确地反映企业实际状况，使社会企业形象或主体企业形象与客观企业形象保持一致。

　　很多商界人士都知道牟其中的大名，他是南德集团前董事长。一个把口号喊遍中国的富豪，一个曾同时肩负中国"首富"和"首骗"两个名号的备受争议的人物。300元钱起家，办了三件大事——飞机易货、卫星发射、开发满洲里。因南德集团信用证诈骗案入狱，2000年被判无期徒刑，后因表现好，改为有期徒刑18年。

　　关于牟其中的神话，广为流传的有以下几个：

神话一：皮革换飞机

1989 年，牟其中用国内大量轻工产品，从前苏联换回 4 架图 - 154 民航机。结果这笔颇具新精神的跨国生意，使他一夜之间名闻遐迩。

神话二：放俄罗斯卫星

1997 年 9 月的新闻发布会上，牟其中说："我们和美国休斯、马相、劳拉公司打得火热，已在俄罗斯发射了两颗卫星。"结果南德自己出版的小报后来做了如下说明："为了退还无锡公司的股权，南德忍痛将已经出租、按合同总租金收入为 4440 万美元的卫星股权，以 1450 万美元的价格，变现出让，承担了极大损失。"由此可知，仅俄罗斯卫星转发器的一买一卖一倒手，牟其中即亏损大约 3000 万美元，折合人民币约 2.5 亿元。

神话三：制造 10 亿 ~ 100 亿的芯片

1997 年 9 月牟其中说："我可以负责地告诉大家，我们正在做一个大规模集成电路的项目。目前世界上，只有美国能生产电脑芯片，日本也不行。我们的计划是，在 6 ~ 8 个月内，生产出运算速度在 10 亿 ~ 100 亿次的芯片。"而参与我国"银河"大型计算机研制的工程师则称，目前尚未听说有哪个公司能达到这一速度。

神话四："把满洲里造成北方香港"

1997 年 9 月牟其中说："在满洲里，我们有 15 平方公里土地，其中有 5 平方公里在俄罗斯。"结果据调查，牟其中曾宣布"独家独资"开发满洲里，投资 100 亿元，但南德公司在满洲里实际投入远远不足 1 亿元。

神话五：制造"牟氏火锅"

1993 年 6 月，牟其中在中国重庆举行隆重新闻发布会称，他与重庆大学合作，改造重庆火锅。5 年内做到年销售收入 100 亿元人民币。结果因没有后续资金，牟其中的"麻辣烫火锅快餐公司"早已熄火收摊。

神话六：投资陕北 50 亿元

1994 年，牟其中考察陕北时激动地表示准备在陕北投资 50 亿元。结果牟其中后来对陕北官员说，他手中暂时没钱，但陕北可以把国家下拨的扶贫贷款转存到南德账上，然后由南德去"运作"，保证能"搞到更多资金"。做贸易的牟其中从来不相信实业和生产，他后来的大多数理论也正是基于他多年的贸易生涯而创造出来的。后来，牟其中的南德公司早已经是盛名之下，其实难副了，但是他没有意识到问题的严重性，以至于神话最后倒塌。所以，每个公司都应该学会三像合一形象诊断，对于企业和品牌随时进行诊断，发现问题，对症下药，以使药到病除。

讲好企业的品牌故事

现今社会的每个人都是通过情感交流在做生意。因此，对于企业家来说，讲述令人信服的故事是促成生意的最好方式。掌握故事力，就能提升竞争力。

星巴克就是这样一个会讲故事的企业。星巴克创始人霍华德·舒尔茨说："我们并非做咖啡生意，我们做的是人的生意。"有着"第三空间"之称的星巴克以情感来连接顾客，这是星巴克价值观的真正主张。但是这一理念又如此微妙，微妙到了许多商人都无法复制。

星巴克的一位咖啡师了解到老顾客在等待肾脏移植，便亲自做了配型测试并且成功移植。一位门店女员工为鼓励患癌症少女勇敢与病魔做斗争，将自己剃成了光头。员工认同公司的道德观念和价值之后，心甘情愿地通过每一次服务为顾客提供完美的咖啡体验。而每一次体验的背后又都是一段足以称道的故事。

体验究竟是什么？一种说法是，从生活与情境出发，塑造感官体验及思维认同。

年深日久，星巴克逐渐成为都市里具有小布尔乔亚情结者的集散地，一杯咖啡、一台电脑、一本书，在惬意的环境中可以打发一天的时光，也能点燃人类最微妙的情感。有人说，星巴克咖啡的价格中，有一半是消费者在为内心虚幻的感受买单。那么，这种美好的感受又是从何而来的呢？

故事从闻香开始。

"举起杯子，凑近鼻子，深吸一口气，这是品尝咖啡的第一步，叫作'闻香'"，一个系着星巴克绿色围裙的阳光大男孩站在顾客中间，举着咖啡杯做示范，即刻一股淡淡的烟熏味泛起，充溢鼻腔。

"我们的舌头只能分辨五味，但是鼻子却能分辨数千种味道，所以闻香是了解咖啡特性的重要步骤。想象一下，它和哪种味道相似？"

"接下来，我们来啜饮。注意，不是喝，而是重重地把咖啡吸进嘴里。"大男孩夸张地表演了一次"啜"，顾客笑成一片。他认真起来："这是品咖啡的标准动作，能让咖啡均匀地散布在舌面。"狠狠地"啜"了一口，咖啡直冲后舌，顷刻间浓郁的香气占满口腔。

"第三步是感觉。舌尖、舌的两侧是否感受到了？舌尖掌管甜味，舌侧掌管酸味、咸味，舌后根掌管苦味。"经他一点拨，品尝者隐然觉得，嘴里烟熏味中更带着烧烤的甜香，还有些微酸，一会儿之后，香味由浓而淡，与味蕾融为一体。这时一份巧克力蛋糕端到众人面前，"这款意大利深度烘焙咖啡配合着巧克力蛋糕一起品尝味道是最佳的，可以收拢咖啡的余香，当然最后一步是分享感受。"轻咬一口蛋糕，果然相得益彰。

在奇妙的感受中，人们发现品评咖啡还有那么多学问，顾客与星巴克之间，意义便不止于咖啡了。

再看五粮液的品牌故事。

"五粮液"作为百年品牌，其名字也历史悠远，它是由晚清举人杨惠泉所命名，而此前，它被老百姓叫做"杂粮酒"，在文人雅士中被称为"姚子雪曲"。

1909 年，在四川宜宾县团练局局长雷东桓的安排下，宜宾众多社会名流、文人墨客会聚一堂。席间，"杂粮酒"一开，顿时满屋喷香，令人陶醉。众人不约一阵美誉，这时唯独晚清举人杨惠泉沉默不语，他一边品酒，一边似在暗自思度。忽然间他问道："这酒叫什么名字？"

"杂粮酒。"邓子均回答。

"为何取此名？"杨惠泉又问。

"因为它是由大米、糯米、小麦、玉米、高粱五种粮食之精华酿造的。"邓子均说。

"如此佳酿，名为杂粮酒，似嫌似俗。此酒既然集五粮之精华而成玉液，何不更名为'五粮液'？"杨惠泉胸有成竹地说。

"好，这个名字取得好。"众人纷纷拍案叫绝。

一个传世品牌就此诞生。从此，"五粮液"开辟了一个白酒品牌的新世纪。当然，品牌故事可以有多种讲法。比如，将企业领袖炒作英雄，也是一个好办法，因为这个世界上英雄是稀缺的。人们能钦佩王石去登珠峰时，为万科城市花园每个平方多付出 500 元钱是不在乎的；人们能钦佩柳传志当初以知识分子的身份创业时还卖过白菜的勇气，为联想电脑多掏出 200 块钱也是一笑而过；当你知道史玉柱扛着几亿元的债不破产而去隐姓埋名东山再起还债时，你钦佩的时候你也会对脑白金有点好感了……

缔造几个品牌故事，炒作企业创始人，像香奈儿女士那样将自己的魅力转嫁到品牌上，对提升品牌魅力是很有用的。路易威登这样在做，劳斯莱斯这样在做，奔驰这样在做，松下这样在做，等等，几乎世界上任何一个大企业大品牌都在为自己编故事。在我们看来品牌故事的最主要作用，已经不是表现品牌诞生的过程，而是要通过这样一个故事，去全面地阐述品牌的个性诉求，性格定义，将外在形象系统无法表现的精神内涵，通过文字的形式阐述出来，去引发目标消费群的精神共鸣，从而增强品牌用户对品牌的精神认同，与品牌发展最需要的忠诚度。

竞争从四面八方而来

过去，企业非常清楚自己的竞争者是谁，同时也非常清楚自己和竞争对手在同行业中所处的具体位置。而今天就未必了，很多竞争对手会一下子冒出来，而且会出现在四面八方，大有让人眼花缭乱之感。

2014年9月19日，阿里巴巴在美国上市，估值超过2000亿美元，打破了美国最大IPO纪录。之前的纪录是2012年上市的Facebook，市值1000亿美元。这些纪录的创造者有一系列的共同点。都是诞生于新兴领域，都是前所未有的模式，都是爆炸性增长，都经历了从丑小鸭到白天鹅的蜕变。事实上，不仅马云的阿里巴巴、扎克伯格的Facebook，还有佩奇和布林的谷歌、比尔·盖茨的微软、乔布斯的苹果、贝索斯的亚马逊、马斯科的特斯拉、马化腾的腾讯、李彦宏的百度、雷军的小米……这些企业都属于市场竞争强者的代表。

现在，我们所面临的新竞争完全不受什么约束，而且根本不遵循原来的规则。现在的创新甚至可能没想与你的产品进行竞争，创新者一门心思想要寻找新市场，以最快的速度抓住最多顾客的注意力，而你可能仅仅是受到了附带的伤害。

例如，腾讯基于移动端的产品——微信，颠覆了电信运营商；淘宝、京东商城等电商对于传统商业的颠覆，让万达不得不向电商转型；互联网教育对传统教育模式的颠覆，让新东方创始人俞敏洪倍感焦虑。仿佛一夜之间，你就有可能被别人颠覆。所以，不了解这个无边界的世界，确实难以跟上时代的步伐。

可以说，这些企业代表了新一轮的创新潮流，是一种拥有巨大能量的创新，能在数月甚至数日之内撼动那些根基牢固的企业。其骇人的速度和巨大的影响力都来源于涌入市场的颠覆性科技，它们比前辈们质量更优，而且价格更低廉，让竞争者难有应对和还手之力。当人们为了这些新兴企业惊叹和欢呼之时，我们如果把目光投向那些被牺牲的企业，很可能会有另一种滋味涌上心头了。比如，柯达的破产就是如此。

1881 年，柯达公司的前身在美国成立。在一百多年的时间里，它先后研制出胶片和"傻瓜相机"，将摄影的乐趣带向普通百姓。柯达从 1886 年就开始赞助奥运会，1986 年成为奥运会顶级赞助商，进一步提升了它的全球知名度。1998 年，柯达通过"98 并购协议"措施，收购了除乐凯以外的中国国内感光材料行业的所有厂家，更于 2003 年与乐凯胶卷达成合作协议，从而在中国的感光材料市场上占据了 50% 以上的市场份额，占有了相对于老对手富士的绝对市场优势地位。这几乎是柯达在中国最风光的时候。作为有 131 年历史的世界上最大的影像产品及相关服务的生产和供应商，又掌握了中国这个巨大的市场，公司前途貌似一片光亮。

然而就在 2012 年 1 月 19 日，柯达公司向纽约州南部地方法院提交破产保护文件，理由包括专利权出售乏人问津、退休员工福利负担沉重、经济疲软以及经销商的背离。这一消息震惊了国人。而后，柯达数百年积累的"优质资产"被数字新时代的大鳄们趁乱拆吃入腹。

柯达有过这样自豪的口号："你只要按下快门，其他的交给我们。"但对于今日的柯达而言，那些曾经的辉煌都已是过眼云烟。

美国高科技企业几十年来一直在创新和打造核心竞争力方面拥有世界级的竞争优势，为何一家十几年前就意识到新技术冲击的老牌科技型企业依然没有实现战略和产业转型，最终被市场所抛弃呢？

毫无疑问，柯达死于IT。柯达与IT原本井水不犯河水。但是，一旦数字化介入到影像领域，柯达就像是被放入加速齿轮里碾压的胶卷，最初还有可能逃脱厄运，却因为反应迟钝最终被撕得粉碎。因为数字化技术的更新换代之快，致使由日本主导的数码相机得以迅速占领市场，并且拥有技术制高点，让柯达这个老巨人一下子陷入被动局面。

倘若我们不去过多纠缠于巨人柯达倒下的具体细节，而是从更加宏大的视野来探寻的话，那么我们就会发现，在新的时代，技术的指数级发展和产品的快速迭代改变了原有的创新方式。竞争不再是从某一个方向出现，而是从四面八方涌来。这类创新往往毫无征兆，创新者能利用看似与公司产品及服务毫不相干的技术，创造出超乎想象的价值主张。

此类创新甚至都没有将现有企业视为竞争对手。它们满足客户需求的方式与现有企业截然不同，也无意只在价格或性能上略胜一筹，以获取短期优势。它们通常会创造出让消费者眼前一亮的产品，把消费者吸引到一个全新的业务上来。

传统企业通常面对高度同质的竞争者，彼此的盈利模式相似，在垂直价值链条上争抢下游的客源，竞争的形态趋向单一。而新的企业却可以从四面八方连接多边市场——也正因为如此，潜在的敌人往往从无法预料的方向出现。它们来自邻近产业，甚至毫无关联的产业的企业，侵蚀你的使用者市场，从而造成威胁。

不管愿意不愿意，我们所面对的就是这样的局面。是扼腕叹息还是激流勇进，当然都由我们自己来选择了。

品牌个性来自"发乎情"，而非"止乎理"

个性化形象对于品牌来说至关重要。个性，这个词在心理学上的解释是：一个区别于他人的，在不同环境中显现出来的相对稳定、影响人的外显和内隐行为模式的心理特征总和。简而言之，给人们一定印象的东西，就是个性。

个性化品牌形象有时能代表特定的生活方式和价值观念，而这些刚好可以与消费者建立起情感联系。个性化品牌所倡导的生活方式，既要与产品的特色相适应，又要能引发符合目标消费者个性欲求的情感联系，如浪漫、清新，最终目的是激起消费者的购买欲。

由品牌个性来促进品牌形象的塑造，通过品牌个性吸引特定人群。这一理论强调品牌个性，品牌应该人格化，以期给人留下深刻的印象；应该寻找和选择能代表品牌个性的象征物，使用核心图案和特殊文字造型表现品牌的特殊个性。

心理学学者大部分认为，个性是由各种属性整合而成的相对稳定的、独特的心理模式。中国古代一句老话"蕴蓄于中，形诸于外"能很好地概括出个性的内涵，即个性就是人的表里的统一体。品牌个性就像人的个性一样，它是通过品牌传播赋予品牌的一种心理特征，是品牌形象的内核，它是特定品牌使用者个性的类化，是其关系利益人心中的情感附加值和特定的生活价值观。品牌个性具有独特性和整体性，它创造了品牌的形象识别，使我们可以把一种品牌当作人看待，使品牌人格化、活性化。对于品牌个性可以做以下分析：

第一，品牌个性为特定品牌使用者个性的类化。同样地，品牌通常也能被认为是男性化的或女性化的、时髦的或过时的，以及每日工作的蓝领或优雅的白领。如在考虑有关零售商店的个性时，很可能感受到社会阶层的差异：一家在上海南京路上的大型商场比华联、联华或农工商等连锁店明显具有更高贵的个性。除了商品的质量与价格外，这种商店的个性也通过设计、建筑、装潢、广告中使用的标志、颜色、特征以及销售人员的制服来创造。实际上，正是这些组成部分使任何服务企业的形象或个性"有形化"。

人们已用成百上千个形容词来描述彼此的个性特征，如我们将某人描述为热情、愚蠢、心灵卑劣、有闯劲等。类似的，一个品牌的特点可以是冒险的、顽固的或是易兴奋的且有些粗俗的。詹妮弗·艾柯综合研究提出了5个品牌个性因素，即"真诚"、"兴奋"、"能力"、"复杂性"和"单纯性"。如海尔使你立即联想到活泼可爱的海尔兄弟，每时每刻使你体会到"真诚到永远"；麦当劳总令人联想起"罗纳尔德、麦当劳"的特色：以年轻人或小孩为主的顾客群，开心的感受、优质的服务、金黄色的拱门标识、快节奏的生活方式乃至炸马铃薯条的气味；万宝路香烟则体现出西部牛仔的豪放形象。

第二，品牌个性是其关系利益人心中的情感附加值。品牌个性具有强烈的情感方面的感染力，能够抓住消费者及潜在消费者的兴趣，不断地保持情感的转换。品牌个性蕴含着其关系利益人心中对品牌的情感附加值。正如我们可以认为某人（或某一品牌）具有冒险性并且容易兴奋一样，我们也会将这个人（或品牌）与激动、兴奋或开心的情感联系起来。另外，购买或消费某些品牌的行为可能带有与其相联系的感受和感情。如喝喜力啤酒表达了一种豁达，"Green Your Heart"；穿红豆衬衣产生相思的情怀；DE BEERS 钻石代表着爱情，代表着坚贞，正如其广告语表达的"钻石恒久远，一颗永留传"；等等。

第三，品牌个性是特定的生活价值观的体现。价值观可以表现为令人兴奋的生活的追求、对自尊的追求、理智的需要、对自我表现的要求等。每个人将不同的价值观作为其生活中心：一个人可能高度评价对娱乐和刺激的追求，另一个人也许更关心自我表现或安全。具有独特个性的品牌，可以与某一特定价值观建立强有力的联系，并强烈吸引那些认为该价值观很重要的消费者。例如，"金利来——男人的世界"，是成功男人的象征，就容易被成功或渴望成功的人所认同。

可以说，在与消费者的沟通中，从标志到形象再到个性，"个性"是最高的层面。品牌个性比品牌形象更深入一层，形象只是造成认同，个性可以造成崇拜。德芙巧克力：牛奶香浓，丝般感受。品牌个性在于那个"丝般感受"的心理体验。能够把巧克力细腻滑润的感觉用丝绸来形容，意境够高远，想象够丰富。充分利用联觉感受，把语言的力量发挥到极致。为了实现更好的传播沟通效果，应该将品牌人格化，即思考"如果这个品牌是一个人，它应该是什么样子"（找出其价值观、外观、行为、声音等特征）。

塑造品牌个性应使之独具一格、令人心动、历久不衰，关键是用什么核心图案或主题文案能表现出品牌的特定个性。寻找选择能代表品牌个性的象征物往往很重要。例如，"花旗参"以鹰为象征物等。

任何一个占有一席之地的品牌，都必须顺应市场的变化，尽可能地创造出让竞争者难以模仿或短时间内难以模仿的个性化品牌。只有独特的品牌个性才可以培育出众多的品牌忠诚者；只有致力于创造个性化品牌的企业，在创新、提升品牌档次和开拓更大市场空间上才能取得更大的成功。正是因为品牌个性带有强烈的情感因素，而不是从理性分析得来，所以打造品牌个性就应该是来自"发乎情"，而非"止乎理"的体现。

"有口皆碑"者胜

互联网和移动互联网时代，那些具有良好口碑、积极与网民互动的企业，将更有可能赢得消费者。移动互联网改变了过去品牌依靠强势媒介与受众沟通的传播模式。很多企业通过传统媒体天天强调"我的产品很好，我的质量多高，我的服务多优秀"，今天这种王婆卖瓜式的传统广告信息基本上直接就被消费者删除或者屏蔽掉了。

企业企图通过控制媒体、买断媒体的方式做传播和推广，殊不知你买断的那个媒体却正在逐渐丧失影响力。靠狂轰滥炸的广告宣传也不管用了，置身于社会化媒体，人们更相信网友间的口碑流传。你是谁并不重要，重要的是网民认为你是谁，网民的集体共识决定着企业的品牌命运。

消费者已经彻底进入了"我中心时代"。消费者的判断越来越不再倾向依靠单一媒体和渠道，先前单一且垄断的信息渠道对消费者的影响力逐渐减弱。现在消费者对任何事物的判断更倾向于其所了解的媒体或渠道，消费者身边有很多社会化媒体，微博、微信将发挥越来越重要的作用。

微博上我们可以听各位大咖的言论，权威人士的声音，这种言论和声音在某种程度上胜过你不知道名、不知道姓的记者，而且他们是一句顶一万句的意见领袖。因为前者是你天天关注的对象，他们已经变成你信息渠道的一部分，你对他们有信任基础。微信就更可怕，在微信上，我们是立足于强关系，我们看到的是朋友圈给我们提供的信息反馈，基于朋友的众口铄金，对你来说，黑的能变成白的，白的能变成黑的，原因是信息源叠加了基于亲友的信任背书。

现在，消费者信息渠道的多样性，社会化媒体的裹挟作用，导致权威媒体渐渐变成一种发声管道之一，你说你的，我信我的，已经变成一种新媒体时代的常态。此时，消费者智商往往以"我"为基础，商家如果还依然保持自以为是，产品信息根本进入不了消费者个体——"我"的领域，甚至很多营销行为基本上也都是自我娱乐而已。

在互联网和移动互联网时代，如果你的产品或者服务做得好，超出用户的预期，即使你一分钱广告都不投放，消费者也会愿意替你去传播，免费为你创造口碑，免费为你做广告，甚至有可能成为一个社会焦点，例如海底捞的服务。

互联网时代，讲究的就是八个字——用户、产品、体验、口碑。也许有人觉得这八个字没什么稀奇，甚至觉得都听腻了，但是仔细想想真正按这八个字做的企业有多少，真正做到的企业又有多少。而且关键是这八个字是有严格的逻辑顺序和螺旋上升的闭环效应，只有用户参与、主导才能做出让用户满意的好产品，有好产品才有好体验，有好体验才有好口碑，有好口碑才能激发更多用户参与到产品设计中。如果说互联网和移动互联网是一座金矿，品牌则是开采金矿的神奇工具，反过来也同样成立，如果品牌是一座金矿的话，互联网和移动互联网则是开采金矿的神奇工具。

至于互联网产品要做口碑，具体说来，就是要关注高端用户、意见领袖关注的点。以前的思路是抓大放小，满足大部分小白用户的需求。但是高端用户这块是真正可以拿口碑的。如何提高口碑，看最高端用户的关注，这个是在基础功能比较好的情况下考虑。如邮件搜索、rss，这些是很炫的用户会在博客和论坛里面提及的。做起来也不难，在有能力的情况下保证。在产品已经成型的情况下，要考虑到，对高端用户的心态要不一样。如果想要获得高端用户的口碑，还需要在产品的设计上大气一些。

产品经理关注最核心、获得用户口碑的战略点，如果这块没做透，做营销只是告诉用户过来，失望，再花更多的精力弥补，是得不偿失的。当用户没有自动在增长（用户会主动给朋友推荐来使用我们的产品的时候），看着用户的增长，不要去打扰用户，否则可能是好心办坏事。这个时候，每做一件事情，每加一个东西要很慎重地考虑，真的是有建设性去增加产品的一个口碑。当用户口碑坏掉后，再将用户拉回来很难。

产品在局部、细小之处的创新需要永不满足。作为一个有良好口碑的产品，每加一个功能都要考虑清楚，这个功能给 10% 的用户带来好感的时候是否会给 90% 的用户带来困惑。如果有冲突就要聪明点，分情况避免。每个功能不一定要用得多才是好，而是用了的人都觉得好就是好。总而言之，不论是互联网产品还是传统产品，只要是做到了有口皆碑，那品牌的市场现状和前景都将不可限量。

第七章 跨界竞争时代的 "用户思维" 模式

最近大家可能听到最震撼的一句话是——移动说，搞了这么多年，今年才发现，原来腾讯才是我们的竞争对手。未来十年，是中国商业领域大规模打劫的时代，所有大企业的粮仓都可能遭遇打劫。一旦人们的生活方式发生根本性的变化，来不及变革的企业必定遭遇前所未有的劫数。传统品牌路线专注的是产品，用什么样的产品和技术会达到功效。但是当今时代应该首先知道到底怎么样把用户区分出来，然后再思考制造产品。

在跨界竞争时代，互联网企业进入金融业，金融业进入电商行业，传统产业进入互联网行业。企业竞争已经从价值链的竞争转到以产品、平台与生态构成的价值网络竞争模式。

美国学者丹尼尔·贝尔认为，在农业社会，竞赛是人与自然对抗。在工业社会，是人与人组合起来与自然对抗。在信息社会，是人与人相竞赛。而人与人相竞赛的媒介就是信息。围绕着这种信息竞争，垂直的组织结构演变为扁平化结构，普遍的跨界现象成为时代的显著特征。

谈到用户思维，首先要了解用户的概念。用户这个概念来源于科技用语，意指使用者，中外皆如此。特别是在互联网时代，考虑到人们使用的产品在规模上越来越大，用户的群体也越来越大。因此，用户是和产品分不开的，手机是一个典型的例子，手机既是一种媒介，也是一种产品。当一个观众变成一个用户的时候，往往他的黏性也在增加。用户当然也是消费者，不同的是，用户有了更多共同生产和共享消费的元素。

那么，用户思维明显是有平等观念的，站在平等的角度看用户，这是用户思维的一个重要观念。用户思维的实质则至少应该包括三个方面：首先，用户思维有明确的受众群概念。而这个受众群体，则是围绕产品的使用而形成的。其次，用户思维注重"用户体验"。最后，用户思维也是一种产品思维。而今天的产品是消费意义上的产品。

用户痛点也是商机热点

"世界上最遥远的距离，莫过于我们坐在一起，你却在玩手机。"不管承不承认，在某种程度上，手机已经"绑架"了我们的生活。聊天、玩游戏、刷微博、购物……手机不再是一个单纯的通信工具，而是无所不能的终端，逐渐成为人们须臾不可离开之物。

每到暑期来临，就又到了出境旅游的高峰。对在国内习惯刷屏的人们来说，一旦出国，不得不面临着一个痛苦的选择：不玩手机吧，心痒得很；刷屏吧，流量费高得心疼。这些年，类似"微信晒十张照片流量费却高达2000多元"之类的新闻是并不鲜见的。在高昂的手机漫游费之下，消费者不得不"掐着流量用"。国家旅游局的统计显示，2014年中国出境游人数首次破亿，达到了1.14亿人次，但国际漫游业务却不增反降。没有疑问，这已经成为消费者心中的"痛点"。于是，各种出境游上网的省钱攻略自发地在网上流传：购买国外当地的 SIM 卡，租用当地随身 Wi－Fi 设备，购买全球漫游随身 Wi－Fi 设备，巧用当地公共 Wi－Fi……精明的商家从中看到了商机。一家创业公司开发了一种可以覆盖 44 国的 SIM 卡，一个月就卖出了 2 万张，并实现了盈利。这一市场的潜力可见一斑。

罗丹说过："生活中不是缺少美，而是缺少发现美的眼睛。"这句话其实也适用于市场。市场上并不缺乏商机，关键是，企业有没有发现商机的眼睛。从哪里找商机？一个最简单的办法，就是寻找消费者的"痛点"。因为事实一再证明痛点在哪里，商机就在哪里。

一个让用户尖叫的产品的诞生，源于其抓住了市场的痛点。铂亚的业务转型便源自于此。最初，铂亚的业务定位是传统 IT。2005 年，政府提出建平安城市，天网监控系统随之诞生，在天网的布控下，犯罪分子难逃法眼，但如果要找一个人，需要在海量监控人群中进行筛选，显然，天网监控系统存在一个局限——需耗费大量人工。捕捉到这一痛点，铂亚以原有技术团队进行产品开发，将产品定位放在智能分析上。2009 年，铂亚的人脸识别技术和行为识别技术研发成功，第一个客户就是广东省公安厅。这套技术，可以将犯罪现场拍到的照片进行及时比对，由此缩减警方破案范围，提高他们的工作效率；此外，人脸识别技术的问世，使人们之前以刷卡进出的方式变为刷脸进出，避开了犯罪分子盗取门禁卡的漏洞。

与人们生活息息相关的，是铂亚的另一个板块——智慧城市。目前不管是办社保、办税、开户，还是交罚单，居民都需要现场办理，排长队已是司空见惯。而智慧城市的概念就是将一切生活程序智能化。铂亚所要做的相当于一个人脸识别的云平台，提供类似身份认证的服务，业务对象通常是互联网金融和第三方支付这类公司，比如铂亚的合作伙伴——电信翼支付，客户开户、办手续只需要通过手机，进行人脸识别、身份识别和活体识别，任何地方都能办理。目前，铂亚已是国内最大的人脸数据库平台。

这里还有一个案例，蓝谷家居要成为未来厨房的野心家。试想一下，走进一个智能厨房旗舰店，你有如下体验——拎包入住，能品尝到勃艮第的蜗牛、波尔多的鹅肝、法国的红酒，能听到厨房专属音乐，能看到与厨房配置匹配的鲜花……它就是你的日常生活起居室。这些都是蓝谷未来厨房的全生活方式概念。只是，如此讲求细节的生活方式，要如何实现？"这个时代就是需要整合！我们要做的是把全球所有资源放在一个模式下共享。"蓝谷总裁施振生无异于一个野心家。

自2006年成立以来，蓝谷智能厨房一直走在行业前端。从行业首推智能厨房理念，到以智能厨房中心机产品新思维和八大户全景 OPEN 店—所见即所得体验式营销，以颠覆性的发展，迅速成为业内的一匹黑马。蓝谷智能厨房除了厨房应用配件外，还有储物和收纳空间，并有台面进行操作；配有卫生保洁系统，确保饮食安全；设置安全防护系统，排除家里水、气等造成的污染和安全隐患。

从产品模式上来说，蓝谷智能厨房就是未来的家庭生活中心，它包含了现在传统式的厨房、餐厅和客厅。除了终端产品的物联控制——通过后台服务系统提供家政、教育、医疗、网上购物等生活需要，还将环境智能化，比如吊顶有换气功能和声光电一体化控制功能，墙面带有净化装置。2013年，蓝谷成立了行业内唯一的住宅建设部——中国未来厨房研究院，将自主开发、合作开发、外围开发相结合，形成与用户的长期互动，让用户提痛点和要求，专家做解决方案和开发。

Paypal 创始人彼得·蒂尔在《从0到1》中写道：世界的进步分为两种，一种是水平进步，照搬已有经验直接从1跨越到n；另一种是垂直进步，探索新的道路，实现从 0 到 1 的质变突破。谷歌和苹果之所以在全球闻名遐迩，是在于它们在科技上的探索。而在中国，在广州，也有这样一批卓越的企业，他们低调蓄势，引领中国科技实现从 0 到 1 的变革。

用户思维的核心就是体验至上

以前的企业也会讲用户至上、产品为王，但这种口号要么是自我标榜，要么真的是出于企业主的道德自律。但是在这个数字时代，在消费者主权的时代，用户至上是你不得不这样的行为，你得真心讨好用户。淘宝卖家"见面就是亲，有心就有爱"是真实的情绪，因为好评变成了有价值的资产。民主和专制的区别就在于，前者是不得不对人民好，后者是出于道德自律。所以判断民主社会和专制社会的一大标准，就是两方是怎么对待道德这个事情的。

移动互联网颠覆了现有的商业价值坐标体系和参照物。移动互联网颠覆了价值创造的规律，我们必须回归到商业的本质，真正找到用户的痛点，找到用户的普遍需求，为客户创造价值。只有专注客户的价值才会带来财富。同时如果仅仅是给用户提供商品本身的消费价值，而没有用户思维，用户是没有动力去买你的东西的。那么，什么是用户思维呢？其实就是体验至上。

好的用户体验应该从细节开始，并贯穿于每一个细节，能够让用户有所感知，并且这种感知要超出用户预期，给用户带来惊喜，贯穿品牌与消费者沟通的整个链条，说白了，就是让消费者一直爽。微信新版本对公众账号的折叠处理，就是很典型的"用户体验至上"的选择。用户思维体系涵盖了最经典的品牌营销的 Who – What – How 模型。Who，目标消费者—"用户"；What，消费者需求—兜售参与感；How，怎样实现—全程用户体验至上。

说到用户体验，我们不得不提到小米手机的操作系统开发方式。

让发烧友参与手机系统的开发，就是"用互联网的方式做手机"的第一步。MIUI 手机操作系统，是小米公司基于安卓平台开发的。但在普通人看来，MIUI 的图标、界面、用户体验，和安卓完全不一样。小米吸引手机发烧友参与，根据发烧友的反馈意见不断改进，并每周更新。与小米相比，谷歌平均 3~5 个月推出一个版本。在 60 万"米粉"的参与下，一项项符合国人使用习惯的创新在小米手机上陆续诞生。

解锁手机时，也许你已经厌烦了手指从左滑到右的单一模式。在 MIUI 系统里，有上百种解锁方式。如果你是个变形金刚迷，你可以挑选变形金刚主题的锁屏。解锁时，先点中变形金刚的肚子，然后朝四肢一滑。上百种主题风格都是 MIUI 开放设计的结果，并因此吸引了 20 多个国家的开发者参与。以往大屏幕智能手机，通常按字母模式设计，查找通讯录很不方便。而 MIUI 系统设置了虚拟九宫格键盘，符合中国人用拼音的习惯。比如想找"李浩然"，只需输入 LHR 三个字母即可。夜半时分，一个响一声就挂的骚扰电话会让你睡意全消，而通过设置，MIUI 系统能自动屏蔽这类恶意电话。你还可以设置拒绝手机通讯录之外的任何电话。这样的改进，MIUI 系统目前有 100 余项。因而在小米手机发布前，MIUI 系统就牢牢地吸引了 70 万智能手机"刷机"发烧友。

除了手机操作系统，应用软件也是为中国用户量身打造。米聊，是一款跨手机平台、跨运营商的免费社交聊天软件，可为用户提供语音聊天、发送图片和手写涂鸦等功能。上线仅 9 个月，米聊用户即突破 700 万人次，成为学生等年轻一族热衷的聊天工具。有了这些发烧友和米聊用户，集合了 MIUI

和米聊的小米手机销售火爆自在情理之中。正如一位网友所言，一部冷冰冰的小米手机，其实是没有什么生命力的，但它最终能成功，就在于摸准中国客户的使用习惯和生活方式。

在今天，我们可以这样说，只有把用户体验做到极致，才能够真正赢得用户，赢得人心。"互联网＋"的时代，是一个过剩的时代，是用户主权的时代，只有好的体验才能真正黏住用户。

不但要跟住用户，还要超前用户

搞市场经济，企业只知踩着市场脚后跟，跟着别人的屁股跑是没有出路的，开发新产品必须要有超前意识。

日本著名女企业家寺田千代原是一位个体运输户。20 世纪 70 年代爆发世界性的石油危机，运输行业日益衰落。当她决定在"帮人搬家"这一新兴行业中一显身手之后，她既不局限于"搬家公司只管搬家"的老一套做法，也不受制于"什么时候想到了该干什么就干什么"，或"现在有条件干什么就干什么"。她力求摆脱以往搬家公司传统的业务范围，将"为用户提供以搬家为中心的综合性服务"作为目标，尽力与搬家有关的一切事务进行广泛联系。

按照以往搬家公司的一贯做法，搬家时，在顾客的旧居和新居，两边都要有人照看，特别是空无一物的新居里，必须很早就有人守候在那里，以恭候"搬家专车"的光临。寺田千代为了将"令人劳累头痛的搬家"变为"令人轻松愉快的旅行"，她委托德国的巴尔国际公司专门设计制造了一种新型的搬家专用车。这种车全长 12 米，高 3.8 米，前半部分分为上下两层，第一层是驾驶室，第二层是一个可容纳 6 个人的客厅，里面有舒适的沙发，有供婴儿睡觉的摇篮，还有电视机、录音机、立体组合音响设备、电冰箱、电子游戏机等。汽车的后半部分是装运家具、行李的车厢，载重量为 7 吨，一般家庭的全部器物都能够一次运完。她还设计了与这种汽车相配套的集装箱和吊车，居住楼房的客户搬家时，只需用吊车将集装箱送到窗前即可作业。由于汽车的车厢很大，全部家具行李都能装入车厢内，既安全可靠，行人又一点也看不见，这充分照顾到了一般客户担心财物遗失、损坏和不愿被外人看见的心理。寺田千代还为她所订做的这种新型搬家专用车取了一个神秘诱人而又美妙动听的名字——"21 世纪的梦"。

寺田千代考虑到，顾客在搬家时不免会有许多相关的杂事需要处理。比如新居的室内设计、装修和陈设，室外环境的清扫和消毒，处理和丢弃废旧物品，以及迁移户籍、变更电话、改变报刊投递、更改水电供应、中小学生转学等众多烦琐的大小事项，她的"阿托搬家中心"全都可以代为办理。寺田千代还想到，日本有一个传统习惯——搬家难免会给左邻右舍带来一些打扰和不便，因而人们在搬家时往往都要给邻居送一点糕点或面条之类的礼物，以表示歉意和谢意。她考虑到搬家的客户常会由于忙乱而疏忽此事，她要求公司工作人员连这样的事也承担下来。

据统计，寺田千代通过围绕"搬家"这一中心事务而朝四面八方的联想，想出和确定下来的有关搬家的服务项目多达 300 余项。"阿托搬家中心"于 1977 年 6 月作为股份公司正式成立后，由一个地区性的小企业，很快便发展成为在全国拥有几十家分公司的中型企业。中心先进卓越的搬家技术专利，还远销到了东南亚地区和美国。可以说，阿托搬家中心就做到了不但要跟住用户，还要超前用户，而且取得了非常好的效果。

现在手机、电脑能触控早已不是什么新鲜事，但是你听说过光影也能触控的吗？2015 年 7 月，海尔发布了全球首款智能触控微投——厨影，通过触摸操控投在墙面或台面上的投影，实现看菜谱、听音乐、看大片、在线购等娱乐活动，打造墙上的"娱乐中心"。有关专家称，海尔此项技术填补了行业空白，创新性领先了行业 2 年。

互联网时代，用户需求成为第一生产力，如何迅速捕捉用户需求，打造极致用户体验，成为各行各业共同探讨的问题。为了顺应这一形势，海尔坚持"全世界都是我的研发部"的理念，在全球建成美国、欧洲、日本、澳洲、中国五大研发中心，每个研发中心都延伸出众多的"触角"，形成遍布全球的创新资源网络，可以及时地将用户需求转化为创新产品，走在行业前面。

举例来说，海尔在与用户的交互中，不少用户反映做饭无聊，不知道吃什么、做什么，期冀一种可以像未来大片那样的厨房生活，动动手指就能操控家电、听音乐、看视频等，但是如何像电影中那样在任何角落、不同环境下都能实现触控操控，对行业来说还是一个未来性的难题。在这种情况下，海尔迅速整合全球资源，研发出厨影，通过触控光机在台面或墙面的投影，实现听音乐、看电影多种娱乐活动，同时还可通过 U＋APP 实现 U＋联盟的家电集成控制，追踪电器使用情况，一旦有危险就会发出警告等，为用户打造了未来式的厨房生活。

没错，在今天的环境中，企业只求跟住用户已经不够了，所以还要超前用户，才能长久地赢得用户。

品牌是演化出来的，不是规划出来的

生物学常识告诉我们：速成的生命都是低等的生命。如果认为投入部分资金，在短期内就能够规划并且做出品牌，那么就是根本没有理解品牌。如果认为品牌能够规划出来，甚至把企业的命运押在品牌运作上，那么基本上可以判断这样的企业是短命的。

在不成熟的中国市场，确实曾经有过不少风行一时的品牌——做出来的品牌，但我们一向视之为"伟哥效应"——没有那个功能，却表现出好像有那个能力。伟哥是有依赖性的，那就是持续吃下去。品牌是一种长期、持久、正向的社会认同。正因为如此，品牌才是有价值的，做品牌也是艰难的。

明星与艺术家的区别是什么？一个是随时可能消失的"流星"，一个是永恒的"恒星"。明星们不断以各种方式吸引眼球，如果不这样，很快就会被遗忘。艺术家即使离开舞台很长时间，人们仍然记得。短期打响的不叫品牌，叫知名度。广告产生的往往是知名度，但有太多的人误认为这是品牌。

没有产生消费的认知同样不是品牌。比如，很多消费者听说过这个牌子，但就是没有购买过。因此，没有销量基础的品牌不是社会认同的品牌。短期的知道不是品牌，长期的依赖才是品牌。没有相当长时间的沉淀，就自称品牌，这是对品牌的误解。品牌是一定时间积累的结果，品牌是消费后的社会认同。离开了这些，那些做出来的品牌，不是真正的品牌。而在我们这个时代，品牌已经不是规划出来的了，而是演化出来的。

有的人认为创意是怎么做好一件已经在发生的事。有的人认为创意是能预知五年后人们可能会喜欢的事物。十年前有人知道每个人过年的时候都狂戳手机屏幕吗？十年前有人知道吃饭前大家都会用摄像头消毒吗？十年前有人知道用 APP 就可以叫到车、买到饭吗？所以说，怎么看准时机做好当下，然后看准时机响应趋势，才是更实际的事情。

毋庸置疑，过去传统行业的产品中，规划是更重要的。因为设计生产销售周期都很长，一招错了满盘皆输。花了三年做了最好的打字机，上市后发现大家都用电脑了。花了六年做了最好的平板电脑，上市后发现早了 20 年。

互联网产品是可以小步快跑的，可以敏捷开发、迅速迭代的。用半个月做一个测试版扔到市场上去，用户说喜欢什么、需要什么，再给什么。产品变成用户喜欢的样子更能成功，还是变成设计者喜欢的样子更能成功呢？答案应该很清楚的。

新旧更替、淘汰过滤，剩下的不是做得更好的，而是做得更对的。大家都说 Mac 体验好，但当年一统江山的是 Windows 和兼容机。因为开放是大家的选择。大家都说诺基亚结实、信号好，但被淘汰得最快的就是它，因为智能机才是大家的选择。

此外，还有很多例子。Facebook 原本是只针对美国 985 高校学生的实名社交网站。Twitter 原本只是发短信的小工具。短信有 160 字符限制，所以 140 变成了 Twitter 的默认限制。Airbnb 原本是 Aired & Breakfast，提供的是气垫和早餐，不是公寓，更不是别墅。他们还卖过麦片。还记得最早的微信吗？没有语音、没有摇一摇、没有朋友圈、没有公众号、没有支付、没有红包。他们之所以成为现在你看到的样子，不是当初在计划书里写的，而是演变和进化成这样的。

说到产品并非是百分百规划出来的，会随着产品的演化而发生变化，而演化的原因并不是在用户访谈、调查问卷、数据分析中获得了什么灵感，而是随着市场、技术的变化，解决同一个问题有了更好的解决方案，或者原有的解决方案变得体验不再那么好了。功能要做哪个，不做哪个，不是想当然，是让用户投票。功能哪个做得好，哪个做得不好，还是让用户投票。不说别的，就是这种方法，就领先其他公司很多年。

作为产品经理，更多是在做判断，判断什么是合理的、合适的、合情的，而不是设计一个高大上的完美工艺品。做用户调研、跟用户访谈、观察用户行为、做用户实验、收集用户行为数据、模拟用户使用场景、做用户可用性测试、看用户流失率、了解用户使用路径，然后判断怎样的功能用户会喜欢，这是产品经理该做的。

关在屋子里觉得自己能改变世界，做梦可以，做产品、做品牌就不一定好使。就好像迎风生翅、遇水成鳃一样，你的产品要成为在进化之路上的胜利者，才能在兵荒马乱的竞争中活下来。

成功是因为角度与高度

这是一个在品牌的帮助和指导下生活的时代。百货商场早已经完全是品牌的天下，在大超市和小便利店里，品牌产品也占去了起码一半的货架资源，另一半货架上的产品则正在努力让自己的名声显赫起来。

耸立在无尽黑暗的大海中的灯塔，给船只行驶指明了方向，使水手们在波涛汹涌的海面上坚定信心。对于消费者来说，品牌就是消费者面对的消费海洋中的灯塔。它给消费者购买理由，赋予消费者购买价值，甚至直接给消费者发出购买指令。品牌能否建设成功，取决于我们能否在大众心中建立有效的价值认知，也就是能否建立价值灯塔。

品牌灯塔是否有力量和震撼人心的感召力，取决于灯塔是否有足够的高度和摄人心魄的光线，这就是灯塔给我们带来的品牌启示：争夺高度，构建角度。品牌的高度就是品牌在消费者心智中所处的位置，品牌高度带来的力量可以超越产品力量本身，让消费者仰视，让消费者追逐，让消费者心甘情愿地多付钱。

品牌要想取得大的成功，必须建立足够的高度，没有高度就会纠缠于问题而失去目标。很多人没有成功是因为纠缠在问题的本身，而忘记了人生的根本目标；很多企业没能持续成功也往往是因为纠缠在管理的问题或手段本身，而忘了企业的根本目标。

高度创造品牌感召力。高度引发关注，高度指引方向，高度创造感召力。商业社会发展到今天，消费者在商品海洋中变得迷茫而辛苦，而具有高度的品牌能够以其巨大的感召力给消费者指明选择的方向。

高度导致消费者的仰望。高度导致仰望，品牌高度越高就越有神秘感，所产生的张力越大，仰望的人也就越多，凝望的眼神就越专注。高度引发消费者的心理震撼。一个人仰望一个事物时，内心的卑微和高高在上的事物之间会产生巨大的反差，反差产生强大的张力震撼着他，甚至可以动摇他原来的认知和信念，最终驾驭他的消费思维。

品牌高度带来竞争优势。品牌运作的所有指向就是提升品牌在消费者心智中的位次，相对于较低位置的品牌，较高位置的品牌所获得的竞争优势是巨大的。高位阶品牌导致资源的快速汇聚，使品牌在产业链中更容易获取有利地位，能够在消费者心目中屏蔽对手，甚至可以把自己的高度变成行业的标准。

很多人没有想到，建立顶级的品牌位阶不仅不难，而且是最容易的，也恰恰是成本最低的。为什么？道理很简单，因为有高度就容易被人关注，最容易引起人关注的方法当然是成本最低的方法。很多人畏惧做"第一"，畏惧的心理阻止了他们的行动，这就是很多人没有成功的原因。因为普通大众并不了解"第一"的机理，所以在大众心中"第一"总是高高在上。既然人们最容易记住"第一"，那反过来讲，做"第一"的成本就是最低的。

对于品牌塑造者来说，"第一"绝对不会是"唯一"，"第一"本身也是没有标准的，理解了这一点，我们就能够走出传统思维，找到无限的可能和方法来建立品牌的高度。有了高度优势，我们就能以低成本在消费者心目中快速地建立起被关注、重视的地位。

传统的营销理论告诉企业应该生产市场需求的产品，而两极理论则告诉我们：改变不了产品，那就改变消费者对产品的看法。看产品的角度不同产品就会不同，这就是品牌建设背后伟大的另一极。营销不是卖更好，而是卖不同。品牌建设就是要从不同角度诠释产品，不同的角度将获得不同人群的认同，这就是品牌的角度。绝大多数不成功的企业不是因为产品不如竞争品牌，而是因为没能找到恰当的角度来实现同质化产品的品牌价值差异化。

生物学原理告诉我们：没有两个物种靠同一方式生存。品牌的世界拒绝平行线，试图用成功者的轨迹造就同样的成功，其战略性错误在于试图用追随者的身份和领先者并驾齐驱。

研究对手的打法就是为了不按对手的思路出牌，学习就是要弄清那些成功者真正的成功经验究竟是什么，成功者的轨迹究竟在哪里，然后避开他们的轨迹，创造出适合自己的成功方式。

从不同的角度描述一个产品，这个产品的价值也是不同的。角度选得好，能够降低消费者认知产品的成本，能够有效地凸显产品与众不同的价值。我们要找到一个阐述产品的角度，这个角度要有利于实现消费者对我们产品的认知，有利于规避竞争。

不要试图向大众完整阐述一个产品，完整阐述就是没有角度，没有角度就没有差异，消费者的购买决策就变得非常困难。消费者总是试图找出产品之间的差异，或者是他们自己认为的差异，因为消费者必须给自己找到决策的依据。

成功品牌和不成功品牌之间运作的本质差异是：成功品牌产品从某一角度凸显了某一个差异，实现了产品的"与众不同"，从而引起消费者的关注和信任，而不一定是产品本质上有什么不可逾越的优劣之分。独特角度能引起消费者对产品的关注，使产品在众多的同类产品中更容易被识别。"差异"被不断地放大，才能引起消费者足够的关注，"差异"被不断地重复，才能使得消费者"坚信"。

消费者眼中的优势往往就是营销中的特色差异，这就是差异凸显实现品牌认知的机理所在。突破固定的形势必须有角度，最佳业绩只会出现在优势上，而不会出现在弱点上。

站在制高点进行整合

有一个流行很广的故事。

一个农民对儿子说："我想给你找个媳妇。"儿子说："可我愿意自己找！"

农民说："这个女孩子是首富的女儿！"儿子说："这样啊，行！"

然后农民找到首富说："我给你女儿找了一个老公。"

首富说："不行，我女儿还小！"农民说："可这个小伙子是世界银行的副总裁！"

首富说："这样啊，行！"

最后，农民找到世界银行的总裁说："我给你推荐一个副总裁！"

总裁说："我有太多副总裁了，多余了！"农民说："可这个小伙子是首富的女婿！"

总裁说："这样啊，行！"

这就是最形象的整合资源！一个农民的儿子瞬间变成了首富的女婿和世界银行的副总裁。只有想不到，没有做不到，一切皆有可能。

在现实经济世界中，每个人、每个企业都拥有一定的资源，其实资源是大家的、是共享的，就看你会不会挖掘和利用。整合能力是所有成功企业最重要的核心能力之一，一家企业能够在多大的范围、多高的层次、多强的密度上去组织资源，决定了企业的价值创造能力和发展边界。

生活在公元前200多年前战国末期的荀子早就说过："君子性非异也，善假于物也。"意思是说，有智慧的人并不是天生就和一般人有什么不同，只不过善于利用周围事物而已。

从世界范围看，第一流的企业都具有超凡的整合能力，他们中的大多数是通过大规模的成功并购（包括跨国并购）而不是产品出口，才达到了现在的规模和地位。包括并购在内的资源整合，是超越单纯市场竞争的高级竞争形式，善于整合资源和借势借力是一流企业共同的基因。

据统计，在世界150多家大型跨国公司中，以不同形式缔结成战略联盟的高达90%。它们通过战略联盟形成的网络，将自己的"触角"伸向世界各地，寻求并整合一切对自己发展有利的工厂、品牌、知识、技术、人力等资源。通用在韦尔奇任职期间完成了2000多项并购，微软每年都有大宗并购案例，只有并购才能产生世界级的跨国公司。

通用前总裁韦尔奇说："能在全世界这个最大的规模下，集合世界上最佳设计、制造、研究、实施以及行销能力者，就是全球竞争中的赢家！因为这些要素极不可能同时存在于一个国家或一洲之内。"

长江商学院的曾鸣教授说："世界在扁平化，横亘在原有的市场领先者、后来者、发达国家、发展中国家之间的历史藩篱正在消失，最有效率地利用全球资源、以最低的成本生产最新的产品、寻找到最优性价比的企业将成为赢家。"

在食品业，法国达能就是个资本猎艳高手。达能成立于1899年，1970年由一间玻璃制造工厂逐渐转型成为一家食品饮料生产商。到1989年，达能成为欧洲第三大食品集团，年销售额达到74亿欧元。此后，达能继续通过并购的方式向欧洲以外的市场拓展，在世界各地广泛收购当地食品饮料行业优秀品牌，实行本土化和多品牌战略，即使在同一个国家的同一种产品上，也实行多品牌并存的战略。

目前，达能已拥有三十多个知名品牌，在全世界二十多个国家拥有自己的控股企业，市值已达400多亿美元，成为全球第三位的食品行业巨头。

达能在实践中渐渐形成了自己的产业成长模式：一是果断转向朝阳行业，不断抛弃边缘产品；二是在世界各地广泛收购当地优秀品牌，实行包容性的本土化和多品牌战略；三是把自己定位为一家全球化公司，在任何一个市场上准确袭击国际竞争对手，而对本土的品牌企业则敞开大门、密切融合。

从20世纪90年代初开始，达能带着支票来到中国，不断进入无龙头的食品品类领域，敲开一个个中国领先的食品饮料制造商们的大门。

在饼干领域，达能饼干在中国拥有达能牛奶饼干、王子、闲趣、甜趣、高钙苏打五大品牌；在调味品领域，陶大在中国内地液体调味品市场占有率已经达到25%；在啤酒领域，达能先后在中国投资了武汉东湖与唐山豪门两个啤酒合资工厂，年产量达到60万吨；在乳品领域，1994年，达能以与光明乳业合资建立上海酸奶及保鲜乳两个项目为起点，通过资产置换和增持股份的方式持有光明乳业20.01%的股份，成为光明乳业的第三大股东。2008年初，达能退出光明，与蒙牛联姻；在非碳酸饮品领域，1996年，达能开始与娃哈哈建立多家合资公司，掌握51%的控股权；1998年，与深圳益力成立合资公司经营益力矿泉水，达能掌控合资公司54.2%的股权并买断益力品牌，进而全面控股深圳益力矿泉水公司；2000年，达能收购乐百氏92%的股权并全面掌控乐百氏经营业务，后者是当时中国市场饮用水领域的王者；2001年，达能收购上海梅林在正广和饮用水公司的50%的股权并最终掌握其经营控制权；2006年，达能以1.37亿美元认购了汇源果汁的期股，并约定达能在汇源果汁上市持有的股份不低于22.18%，在汇源果汁上市时，达能最终持有汇源果汁的股份为23.32%，成为中国最大果汁企业的第二大股东；达能还同中国乳品行业另一巨头企业蒙牛合作生产酸奶，并在内蒙古、北京和马鞍山建立三家合资公司，达能向三家合资公司注入总共约5亿元人民币后，在三家合资公司分别占有49%的股权。

说到中国的品牌，中药保健饮品的杰出代表王老吉，就有望成为中国企业创建世界级品牌的典范。王老吉本来源自凉茶的故里广东，改革开放，广东人和广东文化在全国被扩散、被接受，这是王老吉得以红遍全国的人文基础。当王老吉成为中国畅销饮料品牌之后，王老吉不会止步，它一定会随着中国在全球地位的提升走向世界。

神秘又神奇的中医药魅力、古老又现代的东方文化，都将成为王老吉们抗衡可口可乐、索尼等品牌最强有力的武器。只要中国强大，"可口可乐"式的药水变品牌的神话，一定会再次呈现！这一回，它来自中国，它的名字叫做"王老吉"！

联想、海尔、阿里巴巴、百度、小肥羊等品牌，正在成为带着中国符号走向世界的全球大品牌。

一个国家、一个区域在某些品类上有特别的优势。比如，法国适合打造葡萄酒品牌，中国适合打造茶品牌，内蒙古适合打造乳品品牌，山西适合打造醋品牌，这些就是国家或区域的心智资源。就国家优势心智资源来说，中国在瓷器、中药、白酒、黄酒、茶和中式餐饮等行业具有独占的优势，中国企业家要抓紧在这些品类里，率先创造出一批世界级大品牌。利用国家或区域的心智资源，从区域到全国、从全国到世界做老大，可供整合的资源非常多。我们的企业家要学会发现资源、整合资源，尤其是具有中国符号的优势资源，值得好好整合。

第八章 社群运营：互联网时代的品牌传播新途径

社群营销就是基于相同或相似的兴趣爱好，通过某种载体聚集人气，通过产品或服务满足群体需求而产生的商业形态。社群营销的载体可以是各种平台论坛，微信、微博、QQ 群，甚至线下的社区，都可以做社群营销。通过社群营销可以提供实体的产品满足社群个体的需求，也可以提供某种服务。掌握并且熟悉互联网时代的品牌传播新途径，可以为企业品牌拓展更广泛、更有效的营销渠道。

百年工业史背后隐藏的是同样的产业逻辑——标准化、规模化和流水线。而今天，随着互联网特别是社交网络的发展，传统工业时代似乎正在离我们远去。未来经济与社会组织将不再是凝固僵化的"矩阵式"形态，而呈现为互联网社群支持下个性张扬的"网状"模式。这种转变是革命性的。

社群经济，就是一种用户主导的 C2B 商业形态。品牌与消费者的关系逐渐由单向的价值传递过渡到双向的价值协同，互动即传播。雷军为什么强调小米成功的秘密在于"兜售参与感"？为什么"兜售参与感"就能够获得成功？社群经济之下的品牌，是用户主导的口碑品牌，而不是厂商主导的广告品牌，互联网时代的品牌，就是一个个用户评价的产物，是一次次互动中完成的体验。

这个时代的品牌打造方式，一定是让用户参与到产品创新和品牌传播的环节，"消费者即生产者"。尤其是"80后"、"90后"的年轻消费群体，他们更加希望参与到产品的研发和设计环节，希望产品能够体现自己的独特性。作为品牌厂商，就必须要注意到这种消费行为的变迁。

物以类聚，人以群分

随着罗永浩锤子手机的面世，社会上引起了激烈的争议。在一个竞争几乎白热化的手机市场，一个和手机产业毫无关系的人冲了进来，有人为他捏一把可能叫好不叫座的汗，有人则为他抹一把激动到心坎的热泪。

从雷军的小米，到罗振宇的逻辑思维，再到罗永浩的锤子手机，尽管今天讨论他们的成功其实还为时尚早，但是，这些新的案例，却在预示着一个新的商业时代，这是一个不同于工业化时代的社群经济的时代。

互联网让每个人和每个品牌找到与消费者连接的路径最短的最便捷的机会，只要你有足够的闪光点、吸引力、人格魅力甚至是噱头，你都可能迅速聚集到一群追随者，如果你能够去经营这些社群，那么，你将可能在一个竞争激烈的新的商业世界找到新品牌存在的机会。

从苹果开始，乔布斯的果粉就是典型的粉丝链接。而小米手机也是与粉丝的情感和价值认同的链接而创造的品牌，罗永浩的锤子手机，其目标用户本质上是老罗忠实粉丝群体，老罗的锤子逻辑是，即使锤子手机定价超过3000元以上，但是，有着同样情怀和审美的粉丝群体一定会认同这个价值。

不去讨论他的手机未来如何，仅这一点，他至少可以做到的是一个小众的罗粉群体的手机。而在营销上，其实他获得用户的成本可以降低，未来，他还需要继续挖掘粉丝的关联需求和价值，这是社群时代的新商业规则——用社群去定义用户，经营社群去挖掘基于核心产品的延伸需求，这区别于工业时代的产品为王——先定义产品，再寻找消费群，然后再经营用户。

在规模经济时代，规模越大越经济，品种越少越好（标准化和流水线的需要）。未来这个规律很可能将是倒过来的——谁能尽可能地满足长尾末端的需求，谁在未来的盈利能力就越强，互联网经济是一种长尾经济、范围经济。所以社群、粉丝自限规模，这是未来商业的自觉。工业时代过去了，规模逻辑结束了，社群逻辑就重启了，而所谓的跨社群营销也将显得没有意义，因为你不需要别人懂你，就像苹果粉丝不用解释，需要解释就不是苹果粉丝一样。企业如果不自限范围，形成品种开发的多样可能，就没有自己的核心粉丝社群。有人说，互联网时代的品牌玩的就是一种"榴莲精神"——喜欢的会爱到骨髓，不喜欢的会完全无感。人们根据品牌偏好会形成不同的小圈子，不同的社群。

索尼公司的创始人出井伸之解释索尼衰落的根本原因时，说了一段发人深省的话："新一代基于互联网 DNA 企业的核心能力在于利用新模式和新技术更加贴近消费者、深刻理解需求、高效分析信息并做出预判。所有传统的产品公司都只能沦为这种新型用户平台级公司的附庸，其衰落不是管理能扭转的。"

品牌在工业时代寻找用户，在信息时代寻找粉丝，而在现在的移动互联社交时代寻找社群。简单来说，社群就是一个群体基于某个点（兴趣、爱好、身份、需求）而衍生的社交关系链。除了人作为其基础要素之外，每一个社群还需要有符合自己特点的表现形式。对于品牌营销来说，在进行口碑传播、收集用户需求、提高用户忠诚度等方面，社群有其他渠道无法比拟的天然优势。运营出色的社群甚至通过社群销售产品，抑或让用户直接参与产品研发。找准需求打造社群差异化定位社群是连接企业和用户的桥梁。在这一生态中，需求是种子。要想明白做社群到底是为了什么？也就是我们所说的需求。社群终究要服务于一个目的而存在。这个目的也许是公司的业务需求、建立个人品牌的需求、线上产品或服务需求、线下活动的交流需求等。

目前，社群朝着去中心化发展的同时，一些内在细节也发生了变化，比如，用户从依赖热点话题，转向长尾分别式的细分和兴趣。兴趣是用户聚在一起的原因，也是成员间相互连接的基础。交流甚少的松散组织叫社区，用户之间实现一对一、一对多、多对多的交流才能称为社群。

构成兴趣的要素同样有很多，大致可以分为以下几点：

一是对某款产品或公司的冲动，比如米粉、果粉；

二是拥有共同的行为习惯，如逛街、母婴、车友会、公益组织等；

三是相同的标签和社会属性，如产品经理、文案等；

四是拥有相同的空间属性，如班级交流群、公司内部沟通群、部门交流群等；

五是相同的情感诉求，如喜怒哀乐都可以把一群人聚在一起，相互交流。

上面提到的几大用户兴趣点，正是品牌社群在差异化定位角度的重要参考因素。除此之外，数据也能提供更多参考信息，通过大数据对用户信息进行采样，精准匹配用户的偏好需求。小米社区是一个典型的产品兴趣社群，吸引具有相投兴趣爱好的用户参与到产品讨论与创造中来，营造有亲手制造产品的参与感。一句"为发烧而生"勾起用户的情怀，并且小米社区让每个米粉有了家的归属感。加上创始人雷军在微博上经常同粉丝进行互动，制作话题，提升用户活跃度和对其品牌的忠诚度，也能够不断吸引新用户加入其中。

社群生命周期和圈层效应只有让用户对品牌社群持续产生兴趣，才能让社群为品牌提供最大价值。然而和世间万物一样，社群也有自己的生命周期，品牌想要让自己的社群在有限的时间，内容尽量长时间的存在还是需要下一番功夫的。

从乔布斯的苹果禅说起

在强手如林的诸侯纷争中，苹果手机尽管作为后进入者，但这并不影响其成为手机中"高大上"的代名词，并正迅速以极具亲和力的方式启发和诠释着人与欲望、人与科技、人与梦想的关系。

不得不承认，乔布斯和他的苹果公司为世人带来了新的世界和新的世界观。但无论是苹果手机还是乔布斯本人，能成为与夏娃、牛顿一样被相提并论的苹果传奇，能取得今天的成就和地位，我们不能简单地归结于乔布斯个人或苹果手机技术某一方面的成功。

从产品层面来说，苹果手机以创新为魂，云集了跨域的领先科技成果。除此，还在于乔布斯和他的苹果公司对市场的把控、对产品技术近乎完美的追求、对大品牌战略的谙熟、对营销推广的拿捏，无不做到了巅峰极致。

苹果依靠大破大立的创新理念、全球整合的精湛工艺，以及革命性的创新和颠覆策略，在消费者心目中塑造了一个鲜明、深刻的产品和品牌形象。

苹果公司的创始人乔布斯说过，苹果的核心优势就是知道如何让复杂的高科技被大众所理解和方便优美的使用。为了获得大众的接受和喜爱，苹果每一步都有颠覆性的创新相伴随。

苹果手机自2007年上市以来就成为智能手机的主导品牌，手机的成功源自苹果公司对消费趋势的洞察和技术研发及其对创新的坚持。这几个方面的优势，决定了苹果手机的不同凡响。一个企业也好，一款产品也好，具备上述优势中的一个优势已经很难得，而像苹果这样把几个优势全部具备的则是少之又少。

苹果公司的过人之处，不仅为新技术提供时尚的设计，而且把新技术和卓越的商业模式结合起来，让数字音乐下载变得更加简单易行。利用iTunes + iPod的组合，苹果开创了一个全新的商业模式——将硬件、软件和服务融为一体。这种创新改变了两个行业——音乐播放器产业和音乐唱片产业。商业模式的创新对价值进行了全新的定义，为客户提供了前所未有的便利。

正因为在领先的大产品、颠覆性产品上的专注与不遗余力的创新，才会出现苹果独有的让消费者彻夜排队等待新品上市的市场效果。

站在品牌自身立场看，品牌创造者就是造梦师，是在为消费群体勾画了一个有欲望、有吸引力的梦想舞台；站在消费心理角度看，选购你这个品牌或产品，就是自我追求圆梦的一段心灵之旅。

卖产品就是讲故事。苹果本身无论从标志图形还是乔布斯本人富有传奇的经历以及欲扬先抑的营销手法来看，都在讲述着一个个跌宕起伏的传奇故事。首先，从苹果品牌的标志图形来看，以一个被啃咬了一口的苹果作为品牌的图腾，轻易抓住了人们的眼球，并暗含了亚当夏娃偷尝禁果的人性欲望。简单勾画的苹果缺了一个口，当人们对"为什么苹果会被咬了一口"感到疑惑时，这一品牌已经深深地印在了脑海中。其次，从品牌精神和价值主张来看，苹果无论是产品、销售方式，还是精神领袖乔布斯，都在传达一个价值信号，经典和孤傲并且美轮美奂，使拥有者通过炫耀自己的爱机，而获得更多的价值肯定。苹果，是卓尔不凡、"高大上"人群的标志，乔布斯就是这群人的精神领袖。最后，从售卖理念来看，苹果售卖的不再是产品，也不仅是技术，而是一种无形的并能改变和影响世人的超验生活方式。事实上，今天的商业竞争，已经从产品之间的竞争、商业模式之间的竞争，延伸到企业外部的社会生活中，演化为集体创新的生活方式之间的竞争。

在这个用户崛起的时代，要在众多优秀的品牌中脱颖而出，仅靠功能特性已经远远不够，要赋予品牌更多人性化的因素，才能产生更大的吸引力。传统营销追逐消费者，而苹果一直以来却是在创造被追逐，构建属于自己的"被追的乐园"。这是因为，苹果引导生活方式消费，创造市场势能。苹果通过对电子产品网络化新时代生活趋势和本质的把握，比其他厂商更快、更准确地发现了消费者的欲望和满足秘方。

苹果大品牌战略，推动了一系列让人尖叫的大产品横空出世，彻底颠覆了众多的已经在快速发展的行业（电子、手机、软件、音响、音乐、互联网等），让人们的生活从此不同；苹果的大品牌战略，创造了超验的快感诱惑，激发了人性欲望的动力，真正让心领略了新世界、新体验的魅力。

乔布斯因为推出了改变世界的苹果产品，被人们称为"神一般的传奇"。那么，乔布斯为什么能够取得如此辉煌的成功呢？相信很多人都想一探究竟。有人可能知道，乔布斯这一辈子除了醉心于打造苹果大品，还有一个醉心之处，那就是禅学。

乔布斯年轻时就醉心于禅学，他认为如果一定需要上大学，他愿意去上一家禅学院。他认为对于禅学的研习和思考，是他最大的成功"智慧"。他从里德大学辍学返回硅谷后，就听日本禅师讲过风吹幡动的参禅故事——千百年前，有僧人说："是风动。"又有僧人说："是幡动。"六祖慧能则说："不是风动，也不是幡动，而是心动。"

乔布斯打造的苹果品牌，之所以享誉世界并且让众多的粉丝趋之若鹜、爱不释手，表面上看，是因其产品的技术水平和外观表现。如果再深入挖掘，其实就是乔布斯和他的团队洞察了消费者的人心。然后再通过产品来予以满足，甚至予以超预期满足，粉丝们自然乐于跟着苹果的指挥棒跳舞。人们一般都有追求尊贵、高人一等、卓尔不凡等心理需求，乔布斯就通过苹果来满足。

仔细想想，哪个商业品牌不是在满足人们各种各样的心理需求呢？就连苹果和小米的营销方式，不也是在吊人们心理需求的胃口吗？反正人类有着各种各样的心理需求，所以企业就可以通过满足其一或者若干，来实现自己的品牌理想。于是，新的问题又来了。乔布斯凭什么能够洞察消费者的人心呢？他肯定不是众多消费者肚子里的蛔虫啊！

或许，大家可以从诸如乔布斯的经历、教育、专业、勤勉、团队等方面，找出很多理由。但是，光具备这些就足够了吗？显然未必。关键是怎么把这些因素组织起来，以及为什么那样组织。这就需要一个统领性的因素。这个统领性的因素，就是乔布斯的境界，一个说起来似乎虚无缥缈的东西。其实，实的东西，往往以它背后虚的东西做支撑。那么，乔布斯的境界又是哪里来的呢？大家还记得"乔帮主"从年轻时开始，一直坚持不懈地禅修实践吗？那就是提升境界的终南捷径。有多高的境界，就有多高的智慧。所谓"苹果禅"者，即体现在苹果大品中的乔布斯之智慧也。

在同一领域，不同境界者创造不同水平的产品，境界最高者方能创造出顶尖水平的品牌。

传统企业拥有的是客户而非用户

互联网时代，最重要的是转换一个概念，很多企业原来心中只知道有客户，而不知道有用户。客户不等于用户，谁掏钱谁是客户，用户不见得掏钱，但经常与你连接。先连接用户，客户和商业模式自然产生了。客户是一次性关系，连接用户才能有持续的商业模式。只有用户才能转化为粉丝，企业的转型也水到渠成。

在传统经济时代，企业没有"用户"概念，只有"客户"概念，即谁买了我的东西，谁就是我的客户。但是在互联网时代，所有成功的商业模式都不仅仅是考虑"客户"，而更多的是在考虑"用户"。

用户是使用你的产品或者服务的人，但是他们未必向你付费，他们可能是在用一些你认为不重要的免费服务或者一些边缘产品。在互联网上，成功的商业模式要么你有足够多的用户，要么你可以免费。

譬如要想成为一个成功的互联网企业，拥有海量的用户群只是一个非常基础的考虑。所以我们很多传统企业在转向互联网时，就不能只简单地考虑到互联网上卖东西，把原来跟客户打交道的这套方法搬到互联网上，你首先要考虑的不是卖东西，而是如何能给用户提供一些有价值的服务，哪怕是免费的服务。怎么让更多的人通过使用你的服务和产品变成你的用户。在互联网上，如果你跟客户之间永远是一个买卖的关系，那么你很难跟客户建立真正的联系。

所有成功的互联网公司都证明，如果想要创造商业价值，首先要给用户创造用户价值。所有的商业价值都是建立在用户价值之上。也就是说，如何去赢得用户的认可，最重要的一点，实际上是如何去创造好的用户体验。

在当今以互联网为依托的重要商业模式上，广泛的信息交流带来商业模式的改变。消费者已经慢慢由过去信息不对称的状态，变成消费者会越来越多地对产品有更多的交流和了解。过去在传统的商业里面，实话讲我们更多是在设计卖点，我们在制造功能，然后通过广告的方式把大单灌输给消费者，一旦把这个产品卖给消费者之后，我们的商业活动基本上就结束了。但实际上今天的互联网提供的任何产品和服务，不是你忽悠消费者的这些卖点，最重要的是当你把东西卖给消费者，或者免费的产品消费者拿去用了以后，消费者的体验之旅才刚刚开始。

今天的消费者，只有真正地从你的产品里感受到你给他创造的这种价值，他才可能跟别人讲，才可能形成对你的口碑。什么叫体验呢？如果说你给用户提供一个正常的功能，或者给用户创造了正常的价值，这不叫体验，只有超出用户的预期，达到极致才叫体验。举个例子，凡是消费者不能感知到的东西就不叫体验，曾经有一个运营商推广一款手机的时候举的广告词是绿色、环保、无辐射，但是效果并不成功。因为一部手机到底有没有辐射，作为消费者无法判断。作为传统的广告模式这种方法可行，但是在互联网上很难形成真正的口碑。

事实上，互联网对很多传统商业模式的颠覆是依赖免费而做成的。在传统世界里，真正的免费几乎是不可能的。但是在互联网上，免费不仅可能，而且它可能会建立这种基于免费的成熟的商业模式。很多人就觉得，免费为什么在互联网上流行，这是赔本赚吆喝吗？其实在互联网上，你所有提供的服务，无论是一个APP还是做一个软件或者开发一个网站，它的成本基本上是固定的。那么用户越多，你摊到每个用户的成本就越低。通过互联网给他们做广告，每个人做广告的收入只要超过你的成本，你的模式就成立了。

对传统企业家来说，你核心产品很难把它做到免费，但是当你转型互联网的时候，你不妨考虑做一个免费的虚拟的数字化的服务或者产品，然后免费提供给你的用户，通过免费的产品他可以帮助你最快地获取最大量的用户，在有大量用户的基础之上再考虑建立你的用户体验和你的商业模式。

有人预言，未来随着各种智能硬件或者可穿戴硬件的流行，硬件免费的时代很快就会来到，只不过硬件免费很有可能以成本价来销售。换句话说过去我们卖电视可以赚钱，电视同行竞争得再激烈，大家还有底线，因为都需要有微薄的利润，但是跟互联网竞争，他们基本上按电视成本价格销售，再往后，你把电视卖出去能赚钱的模式可能就不存在了。因为电视卖出去，用户体验才刚刚开始，电视不再是一个商品，电视会成为你获取用户的一个手段，电视会成为你和用户之间的一个桥梁，你通过这个桥梁要不断给用户提供很多新的服务。你会发现这种免费的冲击对很多传统做电视的企业来说就意味着最大的颠覆。三五年内，中国很多原来卖硬件的产业都会被互联网所颠覆。回过头来讲，如果你把别人赚钱的东西免费了，你就要延长你的价值链，在新的价值链上获得收入，而这种新的价值链更多的时候你可以把它看成一种网络服务。

很多人会发现，进入互联网不是跟别人竞争，是在用自己的左手打右手，自己一方面建立自己新的商业模式，另一方面消灭自己传统的优势，很多人因此而犹豫。

在今天这个互联网时代，颠覆式创新和微创新已经成为新常态。颠覆有两种：一种叫用户体验颠覆，另一种叫商业模式的颠覆。商业模式的颠覆，就是你把原来一个很贵的东西变得很便宜，或者你把一个收费的东西变成免费，这就是商业模式的颠覆。用户体验的颠覆也很简单，就是把原来很复杂的东西变得很简单，简单到极致它也会产生颠覆的应用。从某种程度来说，当一家传统企业被互联网企业颠覆时，他们要么把东西变得免费，要么把原来很多用户的使用体验变得极其简单。那么，传统企业家要转型互联网时，不妨从用户体验的角度出发，做一个微创新。

懂人性知人心才能得人心

产品如何让消费者喜欢，甚至让消费者爱不释手，除了产品本身的品质之外，还应该有消费者的体验来背书。我们仍然以乔布斯时代的苹果为例。苹果的渠道，主要通过体验中心这一平台，让消费者在愉悦、舒适、宽松的自我体验探索中，激发了欲望动力。

和苹果的产品一样，乔布斯对专卖店销售各个环节（从进店到付款取货）做了高度的简化。比如强调要让顾客一进入这个零售区域，只需看一眼，就了解这里的流程，减少出示信用卡和打印凭条这样的步骤。苹果专卖店和其他零售商最核心的一个区别是店员不以销售为目的。店员的收入和销售额没有关系，而是专注于帮助顾客，这样可以加强顾客和苹果的关系。而大多数的零售商的店员都以销售为目的，甚至是不需要的产品，这样无法加深顾客与零售商的关系，顾客自然也不愿付出溢价。

苹果的成功和创新都离不开细节，专卖店也是如此。比如讨论厕所标志该用哪种灰色，铺地面所用石头的颜色、纹路和纯度都有特别要求。乔布斯对楼梯的设计极为重视，甚至因此获得了两项与之相关的专利。在乔布斯之后，总有人试图在这个领域尝试，但多半都未能成功。体验店的形式反而束缚了大多数公司的形象。最好的模仿者也就是做成了一个体验店，但难以在销售上达到苹果专卖店那样的规模。

"销售圣经"里最重要的一条是——你推销的是煎牛排时的滋滋声，而不是牛排本身，因为是滋滋声让人流口水。苹果专卖店提供的也是这样的滋滋声——城市中心的繁华位置，极简、完美、"高大上"风格的专卖店里，了解和享受各种创新的产品和服务，并且有专家在旁随时解答问题。

苹果深刻地洞悉了消费者内心欲望的动力，知道顾客在走出苹果店之后的满足感。这个满足感可以表现在类似于第五大道这样的地方——除了必要的元素，还有一些很难说清楚的东西，并且恰好被把握住了，于是有了难以复制的苹果商店。商业的魅力也许就在这里，心旷神怡、惊心动魄、无以言表，这就是它的灵魂。

苹果极其善于掌控顾客，并懂得战略大品上市的每个动作，该在哪个环节发力。苹果不会等到新品上市后再想着如何来卖，是不是该开个新品上市发布会，还是直接发价格单和产品说明给渠道经销商。正如乔布斯所说，如果等到这个时候再想这些问题，那新品80%以上会失败。早在新品有一个概念性想法的时候，苹果就开始了它的新品造势活动，这种与终端渠道商、顾客的互动沟通，会贯穿新品上市全程的始末。

一是洞悉顾客购买动机。消费者从对某种商品的需要出发，到引起购买行为，要经过复杂的心理活动过程。这一过程表现为对商品的感知过程、对商品的思维过程、对商品的情绪过程。从感知一样商品开始，必然有所动机。

购买动机大体划分为——以使用为主要目的的动机和以得到心理满足为主要目的的动机；感情动机、理智动机和信任动机；初始动机、挑选动机和惠顾动机。可以说，苹果手机的消费者是兼具了以上三种动机的。苹果手机产品的设计研发都紧紧围绕消费者内心需求心理与动机为出发点的，并对应地精雕细琢于手机的每个细节。

二是让产品自己说话。新品研发的导向是，与时俱进地顺应潮流，站在消费需求和人性角度，为消费者首先提供足以震撼和近乎完美的大品。苹果的每次亮相，让竞争对手唏嘘不已，让消费者惊喜无限。归其原因，还是因为苹果的每一款产品都一直掌控住消费者的欲望顶点，并且能一直掌控到底！

苹果 iPad 曾在美国上演了万人空巷的一幕，开售不到一月，销量已破百万台，而在日本，预售首日便引起预订狂潮。能将新品上市玩得如此出神入化，还未上市就能让万千粉丝捂着口袋等着它的诞生，没有超常的魅力是绝不可能的。

三是撩拨起无尽的人性欲望。苹果总是能制造并抓住"市场的期待"，通过对产品上市全程动作和节奏的巧妙设计，让消费者随着节奏翩翩起舞。

据了解，在 iPad 产品远未成型、尚在概念测试阶段时，苹果就开始启动新品的系列宣传。乔布斯会在新版发起一场新品概念发布会，利用虚拟技术对新品大肆鼓吹，激发"果迷们"的无限憧憬。接下来漫长的新品研发时间里，苹果会时不时在全球知名网站上发布新品"病毒贴"，将研发中的一些小花絮、新技术与当下火爆电影场面的结合等吹得天花乱坠，让"果迷们"的注意力一直伴随着新品的研发进度跳动。

苹果公司每推出一款新产品的推介会，都会选择充满神秘色彩的剧场进行，通过幕剧的形式对产品进行宣传，激起人们强烈的好奇心，打造出一种独有的苹果文化，培养了疯狂的苹果粉丝。

苹果很多产品在其推出前和推出后都会有大量的短缺现象。这种造成市场饥饿感的手法，它运用的可是炉火纯青。苹果的营销已经用精神和价值观来号召和统领消费者了，超越了纯粹的产品层面，这正是伟大品牌营销追求的至高境界。苹果真正不同的是，别人向消费者灌输，苹果则是吸引，姜太公钓鱼——愿者上钩。苹果在产品推广中，拿捏得最为到位的就是将人性营销发挥到了极致。苹果的哲学是"做正确的事"，这个正确，不是技术，不是设计，不是美学，而是"人性"。

德鲁克说，市场营销的目标是使推销成为多余。这是真正至高的营销境界，看来苹果确实做到了。企业要成为优胜企业，那就要全方位地赢得人心，不仅包括各个环节与渠道的人心，还包括不同方面与不同层次的人心。有一位互联网巨头说："我们的企业想赚钱，首先要让我们的用户赚到钱。如果他们赚不到钱，我们还怎么赚到钱？如果他们赚到钱了，我们自然不愁赚不到钱。"这是指要通过别人获得利益，最好先满足别人的求利之心。

当然，人类还不光有一个求利之心，需要满足的心理需求实在太多。不过，通过归类可以化繁为简。坦率地讲，只要明白了这个道理，具体情景下应该满足别人的什么心，用什么方法来满足，都成了比较简单的问题。毕竟，指点迷津才是高难动作，具体怎么走则属于简单动作了。你有本事满足人心，你自然就能够赢得人心。"得人心者得天下"，就能从格言的空中落脚到地上。

其实，不仅仅是弗洛伊德、马斯洛才开始揭示出人类的心理需求，几大宗教、古往今来的杰出思想家、哲学家都在讲这个问题。只不过是人类囿于自己的所知所见，不容易发现并且弄明白其中的智慧而已。所以，老子才说"大道甚夷，而人好径"——大道非常平坦，而人们却偏偏喜欢旁门左道。老子还说"吾言甚易知，甚易行。天下莫能知，莫能行"——我讲的话非常好懂，非常好做，天下人却没有几个能懂，照做的。

品牌：不是商家自己说了算，而是消费者说了算

可以这样说，要想让消费者对一个品牌长久忠诚，首先需要企业对消费者信守忠诚。每年的"3·15"都是消费者非常关注的日子，也是很多企业"惧怕"的日子。消费者关注的是消费环境，企业惧怕的是因被"揭黑"而影响自己的品牌。

对于消费者来讲，企业的品牌价值无非体现在其提供的商品和服务上。消费者认可度是评价品牌价值高低的最重要元素。一个好的品牌，得到的不是简单的使用价值认同，而是消费者心理情感的价值认同。

品牌是企业的灵魂，但品牌力量不是企业自己"炒"出来的，而是由消费者带来的。好的品牌是由消费者"炼"成的，这是企业最大的无形资产。消费者对品牌价值的认同是企业品牌战略延伸的有效驱动力。道理虽然简单，但并非所有企业都懂得如何获得消费者的认可，甚至并不认为消费者才是品牌价值的唯一认定者，缺乏对消费者的真正尊重。

众所周知，日化巨头宝洁公司多次夺得央视"标王"头衔。作为一个覆盖全国每一个角落的全国性媒体，央视对宝洁来说是一个非常好的品牌传播平台，它为宝洁打造在中国的领袖品牌形象发挥了很大作用。不可否认，做广告是很多企业首选的宣传途径，但它只是企业营销过程中的一个环节。最终市场是否认可企业以及它的产品，消费者才是最终的"裁判员"。

宝洁公司一位高管表示："企业推出新品的时候需要深刻、准确地了解消费者的需求，了解什么样的消费者才是产品真正的目标受众，然后制订相

应的市场传播计划，包括产品命名、定价、终端促销策略等，这一切都是为了实现'消费者至上'的目标。消费者的需求决定了宝洁的夺标。"标王仅是企业实力的一种展示和显现，具有强大的品牌宣传功效，却并不是认定品牌价值的标准。宝洁公司的产品在市场中的良好口碑，来自于消费者的信任，而绝非标王的荣誉。据了解，在"消费者至上"的原则下，宝洁拥有大批忠诚的顾客，其部分产品市场占有率甚至接近70%。

同样是做广告，同样是为了扩大企业影响力，但是结果不尽相同。细数央视历届标王，当时风光无限，如今却已销声匿迹的品牌数不胜数。秦池酒、孔府家酒、爱多VCD、熊猫手机等品牌在市场的滔天大浪中没有经受住考验，早已被消费者所淡忘。在这些品牌当标王的日子里，它们为品牌宣传投入的资金都是天文数字。但一个品牌如果失去了消费者的认同，失去了市场，便会在一夜之间退出历史舞台。在北京繁华的三环路上，欧典地板的广告也曾夺人眼球，但因其编造谎言欺诈消费者，从此一蹶不振，沦为虚假品牌的典型教材。

种种事实证明，重金打造的广告效应也许能在短期内迅速提升品牌的知名度，但绝对不是维持企业长命百岁的良药。没有消费者的认同，没有消费的倾心，一切品牌泡沫终将破裂。

也许有人还记得前些年被媒体热炒的"砸奔驰"事件。当时，争议的焦点并非是奔驰汽车的质量问题，而是在汽车出现问题之后厂家对消费者的漠视。对奔驰来说，那次事件对其影响是巨大的，甚至有人提出"奔驰汽车对中国消费者冷漠相向，视中国人的生命如草芥"。当年奔驰的傲慢态度使其在中国的品牌形象大打折扣，消费者甚至成立了一个"奔驰受害者联盟"，"店大欺客"的形象为奔驰以后在中国的发展埋下隐患。

其实，"砸奔驰"或许是消费者的一种过激维权行为，并不可取。但是，这也是消费者在与生产厂商之间权利不对等的情况下，所能采取的无奈之举。奔驰汽车用一百多年时间树立了国际知名品牌形象，在国际汽车业排名中想必也是名列前茅。但由于在中国缺乏对消费者的足够尊重，直接导致了其品牌在中国市场的信誉度危机。要知道，消费者砸掉的不仅是一辆汽车，更是这个品牌在他们心中的地位。

目前，市面上的各种排名其实也是为消费者服务的，哪些品牌好，哪些品牌尚需努力在排名中一目了然。但是，纸上排名的分量未必比得上消费者心里那杆秤。很多消费者提到海尔就说服务好，甚至海尔的很多竞争对手也这样讲。海尔的服务之所以赢得了口碑，并不是因为其排名有多高，而是海尔懂得如何尊重消费者。品牌价值是消费者赋予的，无论企业的发展规模有多大，无论企业已经拥有了多大的市场份额。

高明的技术＋卓越的性能＋品牌价值＋企业风格＝消费者的忠诚。随着市场经济的发展，商品的供给已经非常丰足，很多商品已经不是消费者买不到，而是厂商卖不出。厂商在生产产品之前都细分着市场、明确着定位、创新着技术、炒作着概念，试图满足消费者需求，成为消费者需求的市场导向。天地之间有杆秤，消费者就是定盘的星。商品流通的终端是消费者，消费者认可的、接受的、满意的品牌，其生命力就强，市场覆盖率就高，反之则面临被市场淘汰。

从小处来看，真正关心消费者，想消费者之想，急消费者之需的品牌，才具有真正的价值。企业应充分认识到这一点，才有做成"百年老店"的可能。反之，则难以在市场立足。从大处来看，如果市场没有树立以消费者为核心的品牌价值观，甚至将影响国家的整体品牌战略，进而影响整个经济的发展。

最重要的是你的独特性

当今市场产品的竞争是愈演愈烈，产品的价格也不断受到来自消费者、零售商、分销商等各个层面的巨大压力，他们都会要求降价。品牌是价格战唯一的解药，一个成功的品牌，只有各种长期的、大量的投入是远远不够的，这只是让消费者知道你、认识你，但是没有做到最关键的信任你。所以每个成功品牌都需要自己的产品独特性，这个独特性对消费者而言是最能记忆的，是最有价值的。

品牌不只是大企业的，对于刚起步的小企业来说，树立品牌同样重要，每个成功的企业都是由小到大发展起来的。任何一家想生存下去的公司，都必须想办法努力去为客户提供创新的，与别人不同的服务方式或产品类别，所有企业，如果想保证一定的利润空间，都得去努力创造自己的品牌。

在国内，很多企业依靠的是成本优势而非品牌优势，比如廉价的劳动力，偷漏税款，走私半成品，偷工减料，以次充好等手段来降低成本。在中国，每天有那么多的创业者及无数的人开公司，遗憾的是，好多创业者考虑的都是眼前的利益，根本就没有考虑到我开公司应如何更好地去为客户服务，如何从战略上去塑造自己的品牌，从而产生品牌效应，从中获取利润。

所以，你可以便宜，但总有人能比你更便宜，仅凭价格，成本上的优势，最终是很难长期生存下去的。一个真正的创业者，一开始不能把赚钱作为第一目标，而是应该考虑如何更好地为大众提供新的服务，把自己的梦想，通过自身的实力、能力及吃苦耐劳的精神落实到品牌战略上去，做到这一点，钱就会作为价值的交换被生产出来，不能创造新价值的企业也就生产不出资本来。

品牌包括品牌内涵和品牌外延，品牌内涵是产品的核心使用价值，品牌的外延就是企业产品的买点，外延可以是核心使用价值的延续也可以是附加值，甚至可以是和使用价值毫无关系的全新价值。外延就是企业的独特性。实际上品牌就是企业独特性的外在表现，企业创建成功的关键是塑造独特性。

根据市场分析，结合企业自身特点和产品特点，考虑企业和产品如何在消费者中定位，同竞争对手相区别，在市场中独树一帜，可以从以下角度进行品牌独特性塑造。

一是价格独特性。价格是消费者最敏感的因素之一，"没有降价2分钱不能抵消的品牌忠诚"这一著名论断说出了价格的重要性，价格可以抵消所有的独特性，而让消费者产生购买行为。价格是企业必须考虑的因素，是塑造品牌独特性的关键，在产品同质化严重时价格独特是首选。

二是品种独特。针对市场需求的差异性企业可以生产不同于竞争对手的同品种的产品。从而向消费者传递一种信息，本企业产品不同于其他同类的产品。首先这样可以打破消费者消费壁垒，成功替代。鉴于消费者在日常生活购买产品时，往往进行横向比较，根据影响自己消费的关键因素，最终选择自己认为最合适的产品，长期购买就会形成消费偏好，从而形成消费壁垒，企业产品进入这样的市场难度大，那企业进入市场时可以采取独特品种，使自己产品同其他产品区别开来，降低消费者的横向比较，从而产生购买行为。

三是品质独特性。品质独特就是以产品优良的或独特的品质作为诉求内容，以面向那些主要注重产品品质的消费者。适合这种独特的产品往往实用性很强，必须经得起市场考验，能赢得消费者的信赖。品质是消费者非常关注的，品质就是产品的核心使用价值，此使用价值能给消费者带来高程度的、持续的满足，根据收入和消费偏好不同，消费者对品质的关注也不尽相同，但随着经济的发展和人民生活水平的提高，品质成了消费者非常热衷的话题，人们不仅可以接受"质优价廉"而且愿意接受"质优价高"。

四是功效独特。消费者购买产品主要是为了获得产品的使用价值，希望产品具有所期望的功能、效果，因而以强调产品的功效为诉求是品牌独特的常见形式。很多产品具有多重功效，定位时向顾客传达单一的功效还是多重功效并没有绝对的定论，但由于消费者能记住的信息是有限的，往往只对某一强烈诉求容易产生较深的印象，因此，向消费者承诺一个功效点的单一诉求更能突出品牌的独特性，获得成功的定位。功效独特就是在进入市场时宣传自己产品某一独特功效，确立自己的产品品牌。

五是市场独特性。市场价值可以作为品牌高附加值，企业在向市场导入新产品时，可以通过市场调查发现消费者的潜在购买动机，把其作为自己产品的附加市场价值。此种市场价值往往和一定的地域文化、生活习惯、消费习惯联系在一起。实际上是用市场价值扩充品牌价值，该定位是将人类情感中的关怀、牵挂、思念、温暖、怀旧、爱等情感内涵融入品牌，使消费者在购买、使用产品的过程中获得这些情感体验，从而唤起消费者内心深处的认同和共鸣，最终获得对品牌的喜爱和忠诚。

六是文化独特。文化是人类历史发展过程中所创作的精神财富的总和，每个人都处在一定的文化背景当中。选择文化作为品牌的买点，将文化融入企业产品，形成品牌差异，引起消费共鸣。当企业品牌内涵与外延不重叠时，文化作为买点应该是首选。此类独特受地域影响较大，不同民族不同国家，同一国家不同地区，都有自己不同的文化氛围。因此品牌塑造难度大，推广阻力大，但一经建立品牌，品牌忠诚度高，可替代性低。但此种独特塑造品牌应注意文化行为本身就必须与品牌定位要有着必然的关联，否则对品牌传播只能是有害无利，没有关联的行销只能使消费者对品牌认知产生错位视觉。

当然，对于任何企业而言，塑造企业品牌的独特性并不是一蹴而就的事情，需要有一个缓慢的被认知、认同、美誉、忠诚的过程。世界上的产品千差万别，品牌也各有千秋，在共性中寻找个性这企业克敌制胜的法宝，关键之处还是企业产品有市场的闪光点，无论从哪个角度去考虑都会有求新求变的效果，本着你无我有，你有我优，你优我新的原则来吸引消费者的注意力，彰显品牌的独特性，赋予品牌更丰富的内涵和外延，使得企业走上更加坚实的发展之路，走得更稳、更远，做得更强、更大。

社交网络服务（SNS）助推品牌传播

社交网络（SNS：Social Network Service）即为社会化网络服务，包括独立 SNS（如 Facebook、人人网等）、微博、博客、微信等。社交网络作为大众信息共享的社交平台，每天都传输着大量的网络用户的共享文件。

美国心理学家米格兰姆曾提出社会学中的"六度分隔"理论，认为一个人最多通过六个人就能够认识任何一个陌生人，即以认识朋友的朋友为基础，可以扩展自己的人脉。通过聚合产生效应，通过互动与分享，形成舆论，各类社交网站逐渐受到关注。社交网络的基础是人际传播，而其凭借互联网超强的兼容能力，与电视、移动等以大众传播为主的媒体进行资源整合，使它的影响力不断扩大。

至于 SNS 的商业价值与组织应用，我们可以概括如下：

一是凝聚人气，渗透营销。现行的 SNS 网站，运用六度分割理论创建的"朋友圈"集聚效能，可以说是网络技术的发展，但更重要的是为企业经营服务扩展人气提供了条件。企业从"想用户所想"转变为"为用户所为"，用户认同自己是企业的主人，享受企业的真诚服务，从而拓展与优化企业的营销渠道。

二是理性感召，真诚服务。对于 SNS 网站来说，它只承载企业小部分硬广告，大部分则是企业的软广告，也就是企业的经营理念与经营活动，特别是与用户共享互动的企业经营信息，但它的投放效果要比传统媒体、门户网站或综合网站好得多。这主要是基于精准营销与细分市场，因为用户只会留意自己感兴趣的内容，而忽略那些跟自己没有关系的内容。SNS 网站是针对特定网络人群的个性化专业网站，具有极强的信息针对性，也是特定人群主动期望搜索的必然要求，当然会引起用户的特别关注。

三是植入品牌，扩大影响。在一定意义上讲，SNS 的出现已悄然改变了网络营销方式，有效地克服了传统官式网站单向灌输、人气不足、互动性差这类缺点。因此，开展网络经营也要与时俱进、及时调整，借助 SNS 网站的技术优势，为企业经营服务。其中特别需要指出的是网络口碑的传播效能。诚然，SNS 网络用户是以快速复制方式传向数以千计的目标受众的，网络口碑也是以同样方式传递扩散的。但是这种传播需要有一个概括性极强的主题信息，当然也包括企业品牌。

四是策划活动，促进参与。SNS 网站是集平面、视频、互动、娱乐的多功能网站，但它围绕企业经营活动展开，难免有单调贫乏之苦。因此，在组织 SNS 活动中，还应该组织策划能够吸引用户参与的互动活动，包括各种文化技术竞赛和文娱活动等。

例如，开心网率先推出"买房子"和"争车位"组件，将现实生活中的楼盘和汽车生动地植入网络活动。同时在争车位的基础上，还组织"拉力赛"，让用户参与对产品的认知与体验。中粮旗下悦活果汁，曾在开心网上以"线上种植、虚拟榨果汁"的形式进行"种植大赛"。参与网络线上活动的，可以在网上抽取牧场小白兔，还可以在线下获得赠送的实物果汁，号召与亲朋好友共同品尝。中粮的这个活动，选择悦活果汁产地的 4 个场景，让参与者了解果实的生长成熟过程。这个活动引起的轰动效应，不仅让消费者认识悦活果汁，还让消费者了解悦活果汁原料产地，也加深了用户对企业、对产品的印象。此外，还有网上演讲、评论、投票、拉票和个性化极具创意的创作比赛，等等，使受众从被动接受变为主动参与者，实现用户和企业之间的有效沟通，推动着网络营销的持续发展。

虽然 SNS 营销目前还处于起步探索阶段，但是随着 SNS 网络的飞速发展，其营销价值将是不可估量的。值得一提的是，新媒体的出现，使品牌传播开始将人际传播纳入核心传播体系，同时，过去传统媒体的线性传播模式被打破，受众的"自媒体"发布与受众间的互动使媒介传播呈现扁平式的分散发布态势。

可以说，人际传播与大众传播的整合为信息的快速分享和传播创造了条件。新媒体（包括社交网络）的人际传播打破了过去大众传播的线性传播模式，在与大众传播并存的同时，建立了一个大传播圈。新媒体的人际传播是由内到外循环往复、兼容并蓄的。新媒体包括网络媒体和移动媒体，通过门户网站可以进行大众传播，通过社交网络实现人际传播。同时人际传播通过反馈、互动与大众传播建立了联系，并表现出较强的共融特征。

因此，互联网的普及，使整合成为品牌传播的大趋势。大众传播与人际传播的结合，打破了传统传播的单一形式，扩大了传播的影响力。将人际传播引入大众传播，发挥人际传播"点对点"、"多对多"的传播优势，无论是内容整合、渠道整合还是形式整合，都将媒介资源配置到最优化。以社交网络的人际传播为核心，整合各媒介资源，实现优势互补，将在传播过程中产生更大的品牌传播价值。

第九章　用户的"未来"

21世纪是互联网时代，互联网已经改变了我们的生活。全球都进入了互联网经济时代。互联网时代讲究用户思维，而用户思维就是指在价值链各个环节中都要"以用户为中心"去考虑问题。作为企业，必须从整个价值链的各个环节，建立起"以用户为中心"的企业文化，只有深度理解用户才能生存。简而言之，没有认同，就没有合同。

随着互联网时代的真正到来，使得信息产生和传播的方式发生了变化。信息不再由一小部分人制造，我们每个人都是信息的原产地。因此，人就取代信息成为了核心。因为人是核心，所以用户思维应运而生并成为互联网思维的核心，互联网思维的其他部分都是围绕用户思维而展开。

"以用户为中心"的用户思维不仅体现在做品牌的层面，还体现在市场定位、品牌规划、产品研发、生产销售、售后服务、组织设计等各个环节。说得通俗一点，就是用户要什么你就给他什么；用户什么时候要，你就什么时候给；用户要得少，你可以多给点；用户没想到的，你替他考虑到了。

此外，互联网的一大特性就是，让"非主流"可以成为"主流"，可以让"小众"变成"长尾"。由于互联网的"长尾效应"，即使再小众的产品，在互联网的聚合作用下，你都能找到和你爱好相同的一大群人，提供这种小众产品或服务的商家一旦同这部分人群产生联系就能发展得不错。所以，要意识到互联网"长尾经济"的厉害，任何一类人通过互联网聚合起来的能量都不容小觑。

用户不再被动消费

现如今的时代，商业消费不再只是单纯的金钱交易，它更是一种趋于人文关系的输出。我们的消费者在整个商品经济的发展过程中，大致经历了三个不同的阶段。

一是被动阶段。这一阶段的消费者存在于传统经济模式中，以前我们都有这样的经历：去饭店吃饭，前台标着"禁止自带酒水"、去商场买衣服，店里挂着"本店概不还价"、去唱KTV，包间里写着"最低消费××元"，结账时发现"商品离柜概不负责"，这些霸王条款即便我们明知它是违法条款，但你又有什么办法呢？传统经济模式中，个别商家利用信息不对称、供求关系不平衡，将不平等的消费条款强加给消费者。而消费者由于是以个人形式面对集体形式的商家，存在心理弱势，同时由于地域限制求大于供，往往敢怒不敢言，花了冤枉钱还得受窝囊气。

二是觉醒阶段。互联网电商时代的出现首次让消费者体会到了说"不"的滋味。低价是电商的最大特点，商品信息的透明化以及流通环节的简便化导致供求关系翻了个个儿，优惠、补贴、免费试用、红包等各种实惠的套餐搭配琳琅满目。同时，网购还提供了"随时随地，随需随买"的自主性，在商品选择上也突破了地域限制，东北的大米，新疆的葡萄干也不过是信手拈来的距离。这一阶段，由于供过于求，消费者在网购中不再受到霸王条款的压制，无理由退换、用户评价等机制的创新使消费者终于有了一种翻身农奴把歌唱的畅快感。

三是主动阶段。随着电商市场的迅速扩张，虚假折扣、假货泛滥、刷单评单等信誉问题导致消费者也随之产生了新的变化，他们不再简单地满足于价格、便利、沟通等方面的诉求，网购人群开始对品质、档次、品牌有了更多的关注，消费行为开始偏向理性思考。同时，这一阶段孕育了一大批新媒体，微博、微信，随着社交圈的不断扩大，消费者懂得通过发布信息和投诉媒体来维护自己的权利。

现在的市场中有所谓的主动消费和被动消费一说。所谓被动消费，就是企业用钱去买广告、做促销、搞折价、弄活动、公关去调动消费者的消费意愿，使其采取行动向你购买商品或服务，在此时消费者处于被动状态，消费者是被无所不在的广告宣传所创造的需求、期待推动而消费的。过去这一直是一个有效的方式，老板们认为我今天开门做生意，就是要销售、销售、销售！然而，这个被动消费的时代已经过去了。

过去十多年来，随着资讯的爆炸，你想过每天所接触到的信息数量有多少吗？台湾雅虎奇摩总经理邹开莲指出，台湾网络广告在过去十年内成长了40倍。远在2003年时，全世界媒体、手机、网络创造出的信息约为50亿GB，就已经相当于人类过去五千年来创造出的资料量的总和。全球目前每月超过1000亿个网络搜索，资料量每五年成长8倍。

每人每天平均接触多少条广告信息？很多传播学专家试图去回答这个问题，他们估计最高达到每天5000条。因此当资讯量以光速传播，随时更新的今天，你凭什么认为你推出的广告会有用呢？

建个网站、开一家店、投放了关键字广告、横幅广告、报纸杂志，甚至推出提醒消费者该去上厕所的电视广告等，消费者对于这些信息，老早就已经练就一身视而不见的功夫了。先回答一个问题，你还记得今天报纸第二版的广告是什么吗？这就是一个最简单的例子，所以你不应该再卖东西了！

这个时代，我们应该创造主动消费，你必须让消费者自己来找你，因为你是找不到消费者的，广告的目的在于消费者要找你的时候，能很轻易地找到你，现在广告的用处也就是如此而已。不卖东西，反而卖得好？关键就在于创造消费者需要的"内容"。

我们来举个例子，当你遇到一个问题（不管是水管不通还是要撰写营运企划书），你会怎么做？你一定会想起某位专家、会去搜索网络上的相关资料、会去问亲朋好友同事同学、是否会上论坛、讨论区爬文？你会主动找到能够解决你问题的专家，也许你就会付费购买他的服务或商品。

所以，把你的专业分享出去吧！经由网络的力量让消费者知道你、了解你、主动来找你，不要担心将你的核心专业分享出去后，消费者会自行处理问题，例如你是水管工人，你分享了十大马桶堵塞原因与解决方式，你想消费者会根据你的指示，动手去修马桶吗？不，消费者会打电话或发邮件给你，付费请你帮忙解决问题。

不要再被广告 AE 提出的曝光率、到达率、阅读人口、消费区隔等报表所蒙骗了，那是 20 世纪的伎俩。不论你的生意是销售商品还是提供服务，你都可以根据你的专业成为消费者主动寻找的对象，从今天起不要再卖东西了，你会发现你投入在创造内容、塑造专业的时间与金钱，远远比你投放广告的费用低多了。

生产消费者将成为常态

生产者赚钱，消费者花钱，生产消费者在花钱的同时赚钱。生产消费者首先是一个消费者，其次是一个生产者，生产的是跟自己有关的消费者。普通消费者没有大量的资金来建立传统的商品流通渠道，比如设立仓库和店铺，购买运输工具，投放广告，支付员工工资，等等，使商品从生产商流动到消费者身边。

但是每个消费者都拥有时间，都认识一些其他的消费者。因此，生产消费者逆向思维，不从产品出发，而从消费者出发，在花钱消费的同时，生产消费者投资时间去向人们分享这个"在花钱的同时还能够赚钱"的生意机会，改变消费者的购物观念和购物习惯，组织消费者进行消费，并教授他们也做同样的事情，建立一个生产消费者联盟，建立一个自用消费型组织，使消费者定向流动起来，建立起一个由终端消费者组成的商品流通渠道，流通生产商的产品，对商品流通做出贡献，因而得以参与流通领域这70%财富的分配。生产商将节省出的庞大的广告宣传费和渠道建设费等中间环节的费用，通过非常科学、非常合理的奖励制度，返还给生产消费者。

《财富》杂志将新千年称为"消费者的时代"，这是有道理的。网上购物的出现，大型折扣连锁店的扩张，商品价格和服务费用的不断下降，这每年都可以为消费者"节省"几十亿美元。但是，当消费者购买打折货物时，他们真的是在"省钱"吗？当他们兴高采烈地花着钱，却没有意识到自己把自己"买"向贫困线，而大型的电子零售商和零售店主们正收获着前所未有的利润呢！

　　事实是，绝大多数的消费者永远不能获得财务保障，因为长期以来，他们受广告诱导去购买那些随着时间的流逝而失去价值的产品和服务。消费者的思维是花钱，这必然导致资产的缩减和梦想的破灭。

　　另外，那些销售打折商品的大型店铺，为自己和股东们创下了前所未有的利润，是财富的生产者。生产者的思维是投资金钱，他们的目的是赚钱和建立资产，这是如何创造财富的关键。

　　今天，感谢那种打破传统观念的"生产消费者"思维，使普通人能够同时享受两个世界的好处——他们可以在消费的同时生产财富！所以我们说，"生产消费者"思维应该是更聪明地购物，而不是更便宜地购物。

　　生产消费者能拥有更多，是因为他们以店铺的方式思考。如果你拥有沃尔玛，你就不会去 K - Mart 买东西，对吗？通常是，生产消费者拥有他们自己的店铺——"我的店"。生产消费者学会了从"我的店"买东西，然后教别人做同样的事情，所以他们在花钱的同时也在创造财富。生产消费者在经营自己的生意，并不只是自己做。

　　这个简单的概念，正在引起人们购物和工作方式的一场革命。当你将你的思维和购物习惯，从短期的消费者模式转换到长期的生产消费者模式时，你就改变了你的生活。

　　当我们要做生产消费者的时候，我们要与一个成功的生产者合作。作为生产消费者，我们的工作是从生产者那里购买产品和服务，然后把这些产品和服务推荐给我们认识的人。生产者的工作是制造、储存和运输这些产品。生产者通过返还折扣和推荐费，作为给我们的报酬。我们通过增加对他们的产品需求，来回报生产者。这是一个双赢的过程。我们作为生产消费者继续做我们所擅长的事情，生产者继续做他们所擅长的事情，每个人都赚到了钱。

互联网为消费者参加生产消费的革命创造了史无前例的方便。作为一个生产消费者，意味着把产品需求导向你的产品供应商，然后教其他人做同样的事情。这意味着，你不必眼睁睁地看着生产者们在电子商务时代越来越富有。作为一个在线的生产消费者，你可以和他们一起变得富有起来。有人说，本杰明·富兰克林也许发明了电，但是赚大钱的是发明电表的人。

拥有你自己的房子是一个经典的生产消费范例。当你买房子的时候，你就是在买一件产品，就如同买一辆车或一张床。然而，与车和床不同的是，保养良好、地理位置优越的房子的价值会随着时间而升值。另外，房子的主人每个月在偿还抵押贷款时，都是在他们的房子里建立资产。

互联网给消费者提供了前所未有的方便。正因为如此，人们必须开始以生产者的方式思考，而不是以消费者的方式思考。通过在互联网上向自己的店买东西，生产消费者可以借助互联网的力量，创造更多的收入，而不是"支出"。

私人定制产品将成为主流

《私人定制》是冯小刚导演于 2013 年底完成的一部电影，使"私人定制"这个词瞬间成为年度最热词之一，其能量辐射从电影界到电视节目，甚至影响了中国的食品界，包括酒水、饮料、方便面、休闲食品、土特产等诸多子行业在内的各地企业都纷纷响应，推出各自的"私人定制"版产品。

随着电子商务的进化，零售商们仅仅一股脑儿向顾客展示全部可以购买的产品，已经远远不够了。彭丽媛在中国庆祝抗战胜利 70 周年阅兵日的着装又毫不意外地引来大量关注，一些外媒称，她的打扮时尚、端庄、得体，非常具有魅力。实际上几乎彭丽媛每次公开亮相的服装都受到了"疯狂追捧"，这对专为她私人定制服装的设计团队而言无疑是最高的评价了。法国新锐服装设计师伊夫·圣·洛朗曾指出"成衣时代即将结束，私人定制将成为时尚主流"。而现在，在这个展现自我、宣扬个性的时代，这条预言已经不只在时尚界实现，私人定制以其完美契合自身，最大程度展现个性，而在各个行业蓬勃兴起。

事实上，从欧美、日本到中国，从北京、上海到深圳再到各地，"私人定制"已成为企业广泛使用的营销模式，在食品业之外，它可能是一对婚戒，一件家具、一本宝宝台历，或是一场按你心意设计的定制旅游……定制模式之所以风行，其背后有着深刻的原因。

随着生活水平和经济能力的提升，越来越多的人开始追求个性化、品质化的生活，在这背景下崛起的定制产品逐渐成为中国消费的一大趋势。

无论是传统市场购买或是线上平台淘宝，随处可见"私人定制"的产品——服装、皮鞋、礼物……上面或印制或绣上有着个人专属的标识，既彰显出与众不同的风格，也让生活充满了乐趣。一家专做网上定制礼品的公司工作人员告诉记者，自公司创办至今已有 7 年时间了，生意一直很好，尤其节假日或生日礼物卖得最多。"大家都喜欢独一无二的定制礼品，不管自己用还是送人都有特殊意义。"工作人员说。

其实，"私人定制"在经济社会发展中已经存在很长一段时间，不同的是在如今时代下，定制产品的范围在扩大，选择这种方式的人群正趋于平民化。小到茶壶、首饰盒、相册，大到旅游产品、手表、私家轿车等，"私人定制"正在中国悄然兴起，或逐渐成为主流的消费方式。

浙江皇洋品牌管理旗下的"皇洋酒特制"平台也是基于这种时代大趋势

下诞生的。皇洋特制酒，高端客户特制酒供应中心。专为企业、事业、个人或团队具有特殊意义的（如婚礼、生日、寿诞、庆典、会议、收藏等）宴会量身打造个性产品，包括瓶形设计、包装设计；技术采用拥有专利的艺术喷釉制作原工艺，高档精美，绝版唯一。

从第 90 届糖酒会释放的信号来看，"定制"已成为酒企突围的一个"利器"。在"拥有一坛（瓶）属于自己的酒"的理念下，酒企看似正中了消费者个性需求的红心。仔细观察定制酒市场，酒企对于客户的划分主要集中于两类：企业团体与私人。总体而言，企业接待、庆典、结婚、寿宴、聚会等是"定制酒"的主攻方向。而定制酒的"个性化"更多体现在产品的设计上。如消费者根据用酒需求，选择该企业的某款酒，同时要求个性化元素的融入，故外观设计及表面装饰性设计显得尤为重要。精准地说，定制酒主要是让消费者感受到"专属于我的尊享服务"的感觉。笔者认为企业下一步要考虑的是如何进行定制酒创新，如何增加消费者的参与度。

广州阿布顿服饰有限公司自成立以来，就专注开发、生产、销售意大利纯手工工艺真皮系列男鞋。如今，公司旗下阿布顿品牌的服务对象已经涵盖了名流政要、商界领袖、演艺明星等高端群体，并向着追求品质的普通消费者扩展，并呈现出年轻化趋势。

"阿布顿定位是做高端男鞋，我们的男鞋模式强调的是手工工艺。随着人工成本的递增，阿布顿的产品将是唯一一种会随着时间的推移而增值、越来越贵的产品。"广州阿布顿服饰有限公司总经理葛宪说，目前国内还没有一家做纯手工皮鞋的品牌，而他将阿布顿男鞋定位于此，决定后就将努力做到产品最优。

事实上，"私人定制"生活方式已经悄然延伸到人们衣食住行各个层面，除了以手工为工艺的实物定制之外，连服务业也加入到这一行列当中。2016

年春节期间，"私家团"正成为团队深度游的重要形式。虽然价格比常规团高出一两成，但据携程网数据显示，今年春节黄金周，国内"私家团"的游客量比去年同期增加了一倍。当然，业界专家表示，私人定制消费群体不仅有着经济实力，还需要一定的文化修养和品位。

我们认为，微商＋C2B，将会成为未来去中心化的商业潮流。商家可以先设计产品或把正在生产或即将生产的产品放到平台上，寻求用户的意见和想法，为品牌注入个性化、定制化和多元化特性。以消费为导向的微商社交渠道更能快速聚集适合社交渠道的"小而美"的产品。

这种做法的好处是既可以聚合分散的数量庞大的客户群，形成一个强大的采购集团，扭转以往一对一的劣势出价地位，享受批发商的价格优惠，又可以根据客户个性化定制产品，邀约厂商生产，实现以客户需求为引擎，倒逼企业"柔性化生产"。厂商也可实现以销定产、降低库存，同时减少销售环节、降低流通成本。可以预见，不久的将来，私人定制产品将成为主流。

能够分享的都会被分享

分享经济的提出，标志着互联网史前史阶段的结束，也意味着真刀真枪的互联网正史即将拉开大幕。

所谓分享经济，就是指资源所有者将自己闲置的资源拿出来，供那些需要的人有偿使用。这是在互联网技术发展的大背景下诞生的一种全新商业模式。比如，你可以把房间临时租给陌生人；可以把车子其他时间的使用权按小时出租出去……

2016 年政府工作报告中提到：以体制机制创新促进分享经济发展，建设共享平台，做大高技术产业、现代服务业等新兴产业集群，打造动力强劲的新引擎。支持分享经济发展，提高资源利用效率，让更多人参与进来、富裕起来。可见中央对"分享经济"的看重和坚定的立场、鲜明的态度。未来分享经济将改变许多行业，向金融租赁、物流运输、教育培训、广告创意等领域大范围渗透，成为主流商业模式。

目前，我国参与分享经济活动的人数已超过 5 亿。预计未来五年，分享经济年均增长速度在 40% 左右，到 2020 年分享经济规模所占 GDP 比重将达到 10% 以上。分享经济引发深层次的社会分工与组织变革，涉及的领域之广、人员之多前所未有。

金融危机后，全球分享经济快速发展，从欧美不断向亚太、非洲等地区的上百个国家扩张。截至 2015 年底，Airbnb 已经在全球 190 多个国家和地区开展业务，覆盖 34000 多个城市，拥有 200 多万个房源，超过 6000 万房客从中受益，市场估值 255 亿美元。领先企业的成功吸引了大量创业者加入分享经济领域，平台企业不断增加，投资分享经济领域的机构数量也迅速增加。

全球分享经济正进入快速扩张期，从最初的汽车、房屋分享，迅速渗透到金融、餐饮、空间、物流、教育、医疗、基础设施等多个领域和细分市场，并加速向农业、能源、生产、城市建设等更多领域扩张。在未来，一切可分享的东西都将被分享，人们的工作和生活方式将因此发生深刻变化。正如分享经济的倡导者瑞恩·格丽所言："分享经济从一个城市开始，逐步扩展到一个地区，进而渗透到整个国家，最后形成一个分享的世界。"

随着互联网的普及，尤其是移动互联网的快速普及，分享经济在全球快速发展，创新不断涌现，企业规模呈几何倍数增长，参与的人数迅速上升。在国外，具有代表性的分享经济模式是 Uber 和 Airbnb，前者提供出行车辆服务，后者提供旅游租房服务。

分享经济在 2014 年之后进入了快速扩张期，迅速渗透到许多领域和细分市场。根据统计，2014 年全球分享经济的市场规模达到 150 亿美元。到 2025 年，这一数字将达到 3350 亿美元。目前，在房屋租赁、交通出行、家政、酒店、餐饮等领域，国内外正在诞生众多基于分享经济的创新公司。国家信息中心信息化研究部和中国互联网协会分享经济委员会发布的一份报告认为，分享经济是信息技术革命与人类社会发展需求相适应而产生的必然结果。分享经济加速发展的趋势不可逆转，并将成为人类从工业社会走向信息社会的重要推动力。未来几年，分享经济发展将呈现几个新的趋势。

一是竞争日趋激烈，少数企业胜出。由于市场潜力大、进入门槛低，目前尚未形成稳定的竞争格局，未来几年分享经济领域的竞争将更加激烈。网络经济具有赢家通吃的特点，部分发展较快的领域将由少数企业独占鳌头。未来几年在中国出现若干家巨无霸平台型企业是完全有可能的。

分享型企业要想立于不败之地，应该坚持以"用户为中心"，依靠价值创造来获取可持续发展能力。在发展过程中，企业应加强自我监督，主动履行社会责任，不能因为当前存在制度缺失或管理的灰色地带就放松对自身的要求，更不能以侥幸心理利用制度漏洞获取不正当收益。从国外经验看，加强自我监管不仅有助于企业获得公众信任和塑造品牌，对于政府完善相关制度进而推动行业健康发展也具有重要意义。如美国的 eBay 公司，在国家缺乏在线交易市场监管法规的情况下，自己制定了一系列规则，很多都成为后来国家制定正式法规制度的重要参考和依据。

二是传统企业转型，积极拥抱分享。传统企业面对分享经济发展浪潮，有的漠视观望、有的不知所措、有的积极参与。越来越多的企业正在采取不同策略适应并积极参与分享经济，获得新的竞争优势。如在办公空间分享领域，万豪集团（Marriott）、微软等与 LiquidSpace 公司开展合作，将其视为一个新销售渠道或办公室预定手段。喜达屋（Starwood）酒店集团也与 Desks Near Me 公司开展了类似合作。在零售领域，美国最大的有机食品超市全食超市（Whole Foods）与共享物流配送公司 Instacart 在全美 15 个城市进行合作，提供 1 小时到达的配送服务，客户平均采购量迅速上升到之前的 2.5 倍，每周销售金额增加了 150 万美元。

有条件的企业正在积极实施转型发展战略。宝马、奔驰、奥迪等汽车巨头引入分享经济模式，在以租代售、停车共享等领域已经取得了很好的效果。海尔集团提出了"人人创客"的转型战略，努力推动海尔从制造产品向制造创客转型，以满足当前需求个性化、生产分散化的市场新动向和消费新需求。徐工集团成立了为道路工程机械用户提供一站式解决方案的综合服务平台——徐工"路之家"工程机械信息服务平台，推动"互联网＋工程机械"融合发展。也许用不了多久，所有的企业都将成为分享经济的参与者和受益者。

可以肯定地说，随着分享经济的进一步发展，能够分享的都将会被分享，这也是摆在我们面前的大好机会。

五行思维根植于用户

我们的老祖宗信奉五行学说，认为世界由金、木、水、火、土五种物质构成。由于这五种最基本物质之间的相互资生、相互制约的运动变化而构成了物质世界。所谓五行思维，就是利用五行之间的生克制化规律，来进行企业及其品牌经营的思维方式。

五行相生关系：金生水，水生木，木生火，火生土，土生金。

五行相克关系：金克木，木克土，土克水，水克火，火克金。

五行相生的含义是：

木生火，是因为木性温暖，火隐伏其中，钻木而生火，所以木生火。

火生土，是因为火灼热，所以能够焚烧木，木被焚烧后就变成灰烬，灰即土，所以火生土。

土生金，因为金需要隐藏在石里，依附着山，津润而生，聚土成山，有山必生石，所以土生金。

金生水，因为"少阴之气"（金气）温润流泽，金靠水生，销锻金也可变为水，所以金生水。

水生木，因为水温润而使树木生长出来，所以水生木。

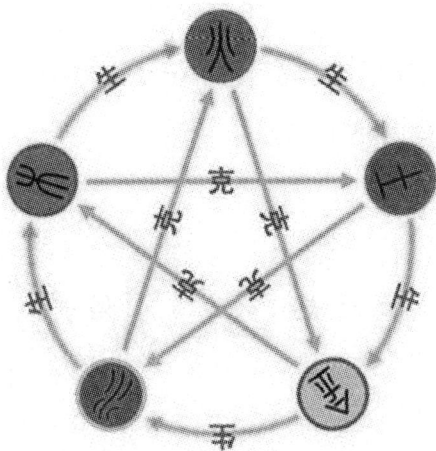

图 9-1　五行相生相克

五行相克的含义是：

众胜寡，故水胜火。（水比火多，就能灭火）

精胜坚，故火胜金。（金虽然坚硬，但也能被精火融化）

刚胜柔，故金胜木。（金比木头刚强）

专胜散，故木胜土。（木为专，土为散，聚在一起胜过分散）

实胜虚，故土胜水。（土为实，水为虚）

当今时代，企业想要做强做大，需要树立三大思维模型，即五行思维、互联网大数据思维和资本金融思维模型，而五行思维模型则是前提。可以说，五行思维模型是伟大中华民族五千年的智慧结晶。五行相生相克成就世界百态；金木水火土，企业不受阻。

同时，五行思维也是中国文化阴阳思维的体现。阴阳思维讲求平衡与变化，在企业管理与用户思维里都会有具体体现。消费者虽然不一定说得出，但能感知到舒服不舒服、和谐不和谐、美观不美观、符合不符合规律，这些都是五行思维方式的表现。

举具体例子，比如色彩五行在企业当中的运用。上海宏勋公司原来企业Logo 的基础色为蓝色与红色，笔者帮助他们进行了颜色调整，将原来的红色调整为绿色。企业主色中的蓝为宏勋正蓝，绿为宏勋品绿。正蓝品绿，和谐相映，寓意企业蓬勃发展和产品的环保经营意识。蓝为水，绿为木，水生木，宏勋主色也是顺应五行之变。

同时，"宏勋"两字选用带圆角内方的个性化标准字。古有天圆地方之说，天为圆在上，地为方在下，即寓汇通天下之意，立足天地，放眼华夏走向国际。此特质是宏勋人不断积累和总结完善的智慧结晶。

笔者在为聚仕通进行标识设计的时候，也采用了五行思维方式。标志色彩运用黑色与暗金色的组合，整体色调稳重有特点。黑色为主，寓指稳重、

老标志（2015年4月前）　　　　　新标志（2015年4月后）

图 9-2　宏勋 Logo 变化情况

品位；金色点睛，寓指诚信、品质。色彩五行中黑色储水而金又生水，五行相生和谐相应。少阴之气（金气）温润流泽，金能育水，水靠金生，生生不息。

图 9-3　聚仕通标识

企业家们如能将五行思维融会贯通，把几千年来博大精深的中国古文化发扬光大，与西方现代管理理论相结合，一定能创建出崭新的现代管理理念和体系，培养出优秀而智慧的思维方式。

大数据让营销更匹配用户需求

可以这样说，伴随着互联网的高度普及，我们已经进入了一个不可忽视的大数据时代。

最早提出"大数据"时代到来的是全球知名咨询公司麦肯锡，麦肯锡称："数据，已经渗透到当今每一个行业和业务职能领域，成为重要的生产因素。人们对于海量数据的挖掘和运用，预示着新一波生产率增长和消费者盈余浪潮的到来。"进入 2012 年，大数据（Big Data）一词越来越多地被提及，人们用它来描述和定义信息爆炸时代产生的海量数据，并命名与之相关的技术发展与创新。

正如《纽约时报》的一篇专栏中所称，"大数据"时代已经降临，在商业、经济及其他领域中，决策将日益基于数据和分析而做出，而并非基于经验和直觉。哈佛大学社会学教授加里·金说："这是一场革命，庞大的数据资源使得各个领域开始了量化进程，无论学术界、商界还是政府，所有领域都将开始这种进程。"

中国人也是在网络高速发展的过程中认识大数据的。马云说："互联网还没搞清楚的时候，移动互联就来了，移动互联还没搞清楚的时候，大数据就来了。"那么，大数据究竟有多么厉害呢？

大家都知道沃尔玛，而沃尔玛在零售业界最传奇的陈列案例是"啤酒 + 尿布"。在一个夏季，沃尔玛某店的管理者发现在那段时间里婴儿尿布和啤酒的销量次第拔高，这如果在一般的商店也许就会被忽略过去，但沃尔玛超市的管理者没有轻易放过这个现象。他们立即对这个现象进行了分析和讨论，并且派出了专门的队伍在卖场内进行全天候的守候观察，最后，这个现象的谜底终于水落石出。

原来，购买这两个产品的顾客一般都是年龄在25～35周岁的青年男子，由于孩子尚在哺乳期，所以每天下班后他们都会遵太太的命令到超市里为孩子购买婴儿纸尿裤，每当这个时候，他们大都会为自己顺带买回几瓶啤酒。沃尔玛的管理者立即针对此现象采取了行动——将卖场内原来相隔很远的妇婴用品区与酒类饮料区的空间距离拉近，减少顾客的行走时间。根据本地区新婚新育家庭的消费能力的调查结果，对这两个产品的价格进行了再一次的调整，使价格更具有吸引力。向一些购物达到一定金额的顾客赠送婴儿奶嘴及其他小礼品。

通过对目标顾客有针对性的营销策略的运用，不但大大提升了原有顾客的满意度，而且还吸引了商圈内其他竞争对手超市的同类顾客的光临。该店的啤酒和婴儿尿裤的销售都取得了相当不错的业绩。如今，"啤酒＋尿布"的数据分析成果早已成了大数据技术应用的经典案例，并被人津津乐道。

大数据的特征，包括完整性和综合性、开放性和公共性、动态性和及时性。这样的大数据是我们过去从未有机会获取利用过的全新挑战，也是我们未来应该努力去争取利用的全新战略机会。

要在这个新领域成为赢家，比的不是统计能力，唯有具备想象力，才能找到大数据真正的创新价值。把看似不相干的数据，放在一起分析、运用的能力，将越来越重要。提到想象力为何重要，因为大数据主要是用在创新，开创新的商业模式。

大数据利用将成为提高核心竞争力的关键因素，各行各业的决策正在从"业务驱动"转变为"数据驱动"。对大数据的分析可以使零售商实时掌握市场动态并迅速做出应对；可以为商家制定更加精准有效的营销策略提供决策支持；可以帮助企业为消费者提供更加及时和个性化的服务；在医疗领域，可提高诊断准确性和药物有效性。

随着大数据时代的到来，企业对于精准营销的需求也正在上升。如何通过技术手段，挖掘大数据下的深层次关系，让营销更准确、有效已经成为营销中的重中之重。

而对中小企业而言，购买大数据，雇佣专业团队成本偏高，建立大数据思维、理智对待大数据应用的热潮，才能将数据对企业决策的影响最优化。中小企业借力大数据，可以尝试以下几种方法：

一是做好数据价值调研。企业在购买搜索关键字、投放 DSP（精准定位人群）的广告等大数据业务前，要先做调研，对数据是否能带来期望的商业回报做到心中有数。比如，可以考察行业内是否有较多成功案例再做决定。若成功案例不多，必然有一些难以跨越的障碍，购买前就需要三思。

二是确认核心数据属性，建立海量数据与核心数据、内部数据与外部数据间的关联标准。首先是确立核心数据标准。比如，CRM 和客户营销数据一定是核心数据。其次是归档外围数据。比如，将线上线下举办的推广活动中收集的消费者信息，归纳入 CRM 的系统。再次是扩展常规上下游渠道的数据。比如，做快销行业的企业，就可以尽量获取沃尔玛、家乐福的数据，并与自己的 CRM 结合，为企业下一步做市场营销、推广、产品创新等建立指导。最后是与社会化媒体数据建立联系。但如果只搜集而没有跟这些数据的发布者建立联系，那么这些数据就毫无价值。

三是用虚拟人脉交换来获取数据。对中小企业而言，数据的缺失是一种常态。它们可以通过扩展人脉，来加强对数据的获取能力。比较常见的做法是建立企业自媒体。传统的虚拟人脉的建立主要基于社交媒体上的互粉、互相介绍，而企业自媒体的人脉互相交换，则能更好地实现各取所需，在不同行业领域的交换。企业还可以通过线下人脉寻找优质的高端群体用户。优质用户虽然人数不多，但通过收集其详细资料、分析其行为爱好，将相关分析存储到自己的系统中，就能形成优质的大数据资源。

四是在关注大数据的同时要关注好小数据。企业的大数据起步，要从小数据开始，从核心数据开始。以业务为主导做好小数据，有助于企业做好企业内部的精细化管理、对市场的观察，以及未来发展方向的规划。

毋庸置疑，大数据已经成为当今世界的热点词汇。但是，热点不等于实实在在的现实应用。如何有效驾驭大数据并将其抽丝剥茧，转化为驱动企业发展的即时可用性小数据，已经变成社会及企业比较迫切的目标。

参考文献

[1] 菲利普·科特勒. 营销革命 3.0 [M]. 北京：机械工业出版社，2011.

[2] 迈克尔·波特. 竞争优势 [M]. 北京：中信出版社，2014.

[3] 艾·里斯，杰克·特劳特. 营销战 [M]. 北京：中国财政经济出版社，2002.

[4] 艾·里斯，杰克·特劳特. 定位 [M]. 北京：机械工业出版社，2010.

[5] 刘晓彬. 品牌是什么？——互联网时代品牌系统创新 [M]. 北京：电子工业出版社，2015.

[6] 石泽杰. 无边界竞争 [M]. 北京：机械工业出版社，2016.

[7] 克里斯·安德森. 长尾理论 [M]. 北京：中信出版社，2006.

[8] 克莱顿·克里斯坦森. 创新者的窘境 [M]. 北京：中信出版社，2010.

[9] 李善友. 颠覆式创新：移动互联网时代的生存法则 [M]. 北京：机械工业出版社，2014.

[10] 艾瑞克·奎尔曼. 社群新经济时代 [M]. 北京：北京财信出版社，2010.

［11］2015：正在陷入困境的 5 个经典品牌！［DB/OL］. http：// www. vccoo. com/v/ce7119？source = rss.

［12］周鸿祎谈互联网思维用户至上不是空洞标语［DB/OL］. http：// news. 163. com/14/0824/16/A4E62UDV00014JB6. html.

［13］李志喜. 李彦宏谈百度转型：从连接人与信息到连接人与服务 ［DB/OL］. http：//xue163. com/news/223/2237743. html.

［14］陈明禹. 小米的创新，其实不是神话［DB/OL］. http：// blog. ceconlinebbs. com/BLOG_ COMMENT_ 230939. HTM.

［15］乔布斯给营销人的十个启发［J］. 中小企业管理与科技（中旬刊）， 2013（7）.

［16］雪海蜘蛛. 又见星巴克：并非做咖啡生意，我们做的是人的生意 ［DB/OL］. http：//blog. tianya. cn/post － 4999981 － 71961439 － 1. shtml.

［17］石泽杰. 无边界竞争［M］. 机械工业出版社，2016.

［18］娄向鹏. 汇源冰火并购，看中国饮料行业的未来［DB/OL］. http：//www. ppdai. com/zixun/jinrongzhishi_ wz279801_ p1.

后　记

　　滚滚而来的历史车轮，把人类带到了今天这样一个变化莫测的时代。可是，时代再变化莫测，我们也得主动地应对。如果故步自封，抱残守缺，那只有被时代所淘汰。

　　众多品牌的没落，有自身的原因，更有时代的原因。尊重用户、熟知用户、吸引用户、用户主导乃是当今企业打造品牌的核心所在。

　　本书力图把这个核心所在的前因后果、具体实施，掰开揉碎地讲出来，以期能够给读者带来有意义的启迪。

　　当然，一部著作的完成需要许多人的默默贡献，闪耀着的是集体的智慧光芒，其中铭刻着许多艰辛的付出，凝结着许多辛勤的劳动和汗水。

　　本书在成书过程中，借鉴和参考了大量的文献和作品，从中得到了很多启发，也汲取了其中的智慧精华，谨向各位专家、学者表示崇高的敬意！因为有了大家的努力，才有了本书的诞生。凡被本书选用的材料，我们都将按相关规定向原作者支付稿费，但因为有的作者通信地址不详或者变更，尚未取得联系。敬请见到本书后及时函告您的详细信息，我们会尽快办理相关事宜。

　　由于写作时间仓促及水平所限，书中不足之处在所难免，恳请各位不吝指正，特驰惠意。

徐鸿翔

2016 年 7 月